Editorial

Liebe Leserinnen und Leser,

nicht nur das Jahr 2018 ist jetzt seit Anfang April aus seinem Winterschlaf erwacht, auch für die DHG und SOMMERGRAS gibt es einige Neuigkeiten.

Schon liegt die letzte Mitgliederversammlung der DHG ein Jahr zurück, und die Planung für die kommende Mitgliederversammlung hat im Vorstand begonnen. Halten Sie sich also bitte folgenden Termin frei:

Termin: 3.5. – 5.5.2019
Ort: Traben-Trarbach an der Mittelmosel

Im Ort ist alles fußläufig gut erreichbar, und es warten neben der DHG-MV Highlights wie Buddha-Museum, Unterweltweinkellereien, Ikonenmuseum, Vauban-Festung u. v. m. darauf, von uns besucht zu werden! Sie sehen also, es lohnt sich auf jeden Fall, bei unserer DHG-Mitgliederversammlung dabei zu sein! Detaillierte Informationen veröffentlichen wir im SOMMERGRAS 122.

Des Weiteren freut sich die SOMMERGRAS-Redaktion über „Zuwachs": Folgende DHG-Mitglieder konnten für die Mitarbeit gewonnen werden:

Horst-Oliver Buchholz, seit vielen Jahren DHG-Mitglied, nimmt sich der Sparte „Weiterdichten" an und ist bei den Bewertungen mit dabei. Ebenso arbeitet er im Schluss-Lektorat mit.

Thomas Opfermann, der sich als neues DHG-Mitglied gleich bereit erklärt hat, aktiv beim SOMMERGRAS mitzumachen, wird zukünftig die eingehenden „Lesertext-Beiträge" sammeln und aufbereiten.

Beide sind ab sofort auch zu erreichen unter:
redaktion@deutschehaikugesellschaft.de

Beiträge bitte jeweils unter den Stichworten **Weiterdichten** und **Lesertexte** einsenden.

Außerdem stellten sich **Ramona Linke** als Jury-Mitglied für die Leser-texte sowie **Ulrich George** fürs Lektorieren/Korrekturlesen zur Verfügung.

Ein herzliches Dankeschön an alle, wir freuen uns sehr!

Wir wünschen Ihnen einen angenehmen Sommer!

Ihre Redakteurinnen
Claudia Brefeld und Eleonore Nickolay

Inhalt

EDITORIAL 3
Haiga: Christa Beau 6
Haiku-Wettbewerb 7
Haiga: Angelika Holweger 8

30 JAHRE DHG
Georges Hartmann: Auf dem Weg in eine Gesellschaft, die mir eine
zweite Familie wurde 9
Brigitte ten Brink: 30 Jahre Deutsche Haiku-Gesellschaft 17

WEITERDICHTEN 25
Aufruf: Ein Haiku zu einem Foto! 30

HAIKU-KALEIDOSKOP
Klaus-Dieter Wirth: Grundbausteine des Haiku (XXXII) 31
Eleonore Nickolay: Französische Ecke 38
Haiga: Angelika Holweger 39

NACHRUF
Klaus-Dieter Wirth: Nachruf auf Max Verhart (1944–2018) 40

LESERTEXTE
Ausgezeichnete Werke 44
Haiku- und Tanka-Auswahl 47
Haiga: Gabriele Hartmann 56
Mitgliederseite 57
Haibun 60
Tan-Renga 62
Kettengedichte 64
Haiga: Gabriele Hartmann 66

LESERBRIEFE 67

REZENSIONEN

Claudia Brefeld und Eleonore Nickolay: Das Jahr der Rezensionen ... 68
René Possél: Seezeichen. Haiku von Susanne Leiste-Bruhn 69

BERICHTE

Beate Wirth-Ortmann: Wiederkehr an alter Stätte 71
Hartmut Fillhardt : Blaureiher 72
Beate Wirth-Ortmann: Frühjahrsworkshop in Wiesbaden 2018   75
Haiga: Ramona Linke 78
Ellen Althaus-Rojas: „Haiku to go" 79
Haiga: Claudia Brefeld und Paul Bernhard 84

MITTEILUNGEN 85

himmelwärts
das Baby im Körbchen
winkt

Haiga: Christa Beau

Haiku-Wettbewerb

Haiku-Wettbewerb 2018 der DHG
für die Haiku-Agenda 2019

Kurz vor Einsendeschluss möchten wir noch einmal an unseren Haiku-Wettbewerb 2018 für die Haiku-Agenda 2019 erinnern!

Wir laden sowohl alle DHG-Mitglieder als auch Nichtmitglieder herzlich ein, bis zu drei Haiku einzureichen.

Fotos, Bilder, Collagen usw. für die Covergestaltung sind ebenfalls willkommen!

Die zehn besten Haiku werden prämiert, mit Platzierungsangabe in der Haiku-Agenda 2019 besonders hervorgehoben und mit einer Haiku-Agenda 2019 honoriert.

Die Auswahl und die Entscheidung über eine Veröffentlichung trifft eine Jury des Vorstandes der DHG.

Für jede Woche wird ein **„Haiku der Woche"** ausgewählt und in der entsprechenden Woche der Agenda abgedruckt. Um jedoch jedes Mitglied der DHG in der Agenda mit einem Haiku zu Wort kommen zu lassen, werden wir von den Mitgliedern, die Haiku eingereicht haben, in jedem Fall EIN HAIKU auswählen und, falls es nicht für ein Haiku der Woche vorgesehen ist, im Leseanhang der Agenda veröffentlichen.

Teilnahmebedingungen:
– Bis zu drei Haiku pro Teilnehmer mit einem Bezug zu Jahreszeit, Klima, Festtagen oder ähnlichen Themen
– Die Haiku müssen unveröffentlicht sein.
– Eine Einsendung pro Teilnehmer für die Covergestaltung (in ausreichender Druckgröße) möglich.
– **Einsendeschluss: 30. Juni 2018 – Stichwort „Agenda 2019"**

Einreichungen per E-Mail:

claudia.brefeld@dhg-vorstand.de

oder per Post:

Claudia Brefeld
Auf dem Backenberg 17
44801 Bochum

Wir freuen uns über Ihre Einsendungen!

Der DHG-Vorstand

Sonnengruß
mit der Amsel
in den Tag

Haiku und Druckgrafik:
Angelika Holweger

Haiga: Angelika Holweger

30 Jahre DHG

Georges Hartmann*

Auf dem Weg in eine Gesellschaft, die mir eine zweite Familie wurde

Wenn Menschen mit einer Vision im Hinterkopf auf leicht manipulierbare Geschöpfe treffen, denen im gängigen Vokabular das Wörtchen „nein" abhanden gekommen ist, liegt es nahe, dass jene ratzfatz sowohl zur Sprengung eines Geldautomaten, für einem Trip in den Himalaja oder was auch immer begeistert werden können. Trifft ein Kerl, der gentechnisch bedingt mit einer besonders langen Leitung ausgestattet ist, auf ein sein Ziel unbeirrt verfolgendes Geschöpf weiblichen Ursprungs, kann es passieren, dass er wie ein mit wenig Grips ausgestatteter Fisch den Haken mit einem Wurm verwechselt oder in ein Becken gejagt wird, aus dem es so gut wie kein Entkommen gibt. „Haiku …", lautete die sich als schicksalhaft erweisende Aufforderung, gegen die kein „wenn und aber" fruchtete.

Da allem Anfang ein gewisser Zauber innewohnt und ich das Nein aus meinem Wortschatz zu streichen versuchte, arbeitete ich mich als Teil der neu etablierten „Frankfurter Drei-Personen-Gang" (Frau Schwalm, Frau Pesel und ich) in die Materie ein. Um sicher zu sein, dass wir drei auf dem richtigen Weg sind, wandten wir uns an Michael Groißmeier, der 1985 den Haiku-Band „Zerblas ich den Löwenzahn" herausgegeben hatte, und baten ihn um die Beurteilung unserer Erstlingswerke. Ernüchterungen können schlagartig einen Bergrutsch auslösen, unter dem alles endgültig begraben wird, oder man steigt wie ein Phönix aus der Asche, weil der plötzlich aufflammende Ehrgeiz jene wilde Entschlossenheit provoziert, die es dann meistens auch jenen zeigen will, welche es partout nicht begreifen wollen, dass der Hammer tatsächlich woanders hängt.

Erste Schritte mit Erika Schwalm – und ein Renga zum Auftakt
Unsere „Chefin" (Erika Schwalm), eine Ikebana-Künstlerin mit weltweiten Kontakten, glaubte an ihre Mission und erreichte es im Handumdrehen,

9

dass wir von zwei Journalisten der Asahi Shimbun auf einem Frankfurter Balkon interviewt wurden, die unsere ersten Haiku mit nach Japan nahmen. Ob die dortigen Preisrichter uns ein paar Punkte zuerkannt hatten, konnten wir nie erfahren. „Macht nichts", bemerkte unsere findige Chefin, die uns kampfeslustig mit einem geheimnisvollen „abrakadabra" den Verlag Graphikum nebst dessen weit gereistem Inhaber und Verleger (Carl Heinz Kurz) wie aus dem Nichts heraus in die Gehirnwindungen trieb. Dieser hatte eine Aufforderung zum Renga ausgeschrieben, ein Begriff, der mir bis zu diesem Zeitpunkt ebenso fremd war wie das Haiku. Die Dritte in unserer Runde passte freiwillig, ich beugte mich dem Schicksal und beteiligte mich wie ein Teilnehmer am Massenstart eines Marathons (es wurden 444 Teilnehmer dokumentiert) an der mir zugewiesenen Komplettierung des vom Meister vorgegebenen „Oberstollen". Die Veröffentlichung „Das große Buch der Renga-Dichtung" erfolgte 1987, worauf sich die Dritte im Bunde daraufhin doch zu grämen schien, sich selbst ausgeschlossen zu haben, während wir beiden anderen so taten, als hätten wir gerade die Deutsche Meisterschaft im Fußball gewonnen und uns so die Berechtigung zur Teilnahme an der Champions League gesichert.

Das japanische Konsulat schaltet sich ein

Nach diesem vermeintlichen Coup machte auf dem Schachbrett des Haiku der in Frankfurt tätige japanische Generalkonsul (Tadao Araki) und Haiku-Enthusiast zwei Züge, welche ein Kenner sofort als „engagiert" erkannt hätte. Auf der Suche, ob die Deutschen tatsächlich in der Lage sein könnten, ein japanisches Haiku zu verstehen und in ihrer Sprache etwas Vergleichbares zustande bringen könnten, ließ er nichts ungeschehen, dieser Fragestellung nachzugehen. „Unsere Erika", die zu jener Zeit wöchentlich ein Ikebana in der japanischen Botschaft in Frankfurt zu arrangieren hatte, war von null auf nichts in Brand gesteckt, bezirzte aus dem Stand den Konsul und jagte ihre Zwei-Personen-Truppe mit an die Front. Wenn Mann und Frau plötzlich das Alpha-Tier heraushängen lassen, kann man getrost die Luft anhalten und drauf lauern, was in dieser Kooperation noch alles passieren wird.

Auf Betreiben des Generalkonsuls erschien die „Frankfurter Anthologie gegenwärtiger Deutscher Haiku" mit einer Auswahl von rund 45 Autoren, unter denen auch die Namen Margret Buerschaper, Prof. Dr. Horst Hammitzsch (ein Japanologe) als auch wir drei freudetrunkenen Frankfurter aufgeführt waren, die zu diesem Zeitpunkt immerhin darauf verweisen konnten, dass der Generalkonsul bereits ein Duzfreund geworden war. Erstere (Margret Buerschaper) hatte im Verlag des Carl Heinz Kurz ihre 1987 veröffentlichte Magisterarbeit „Das Deutsche Kurzgedicht in der Tradition japanischer Gedichtformen" vorgelegt und auf der Rückseite des Covers vermerkt, dass sie die Freunde der Haiku-Dichtung in einer Haiku-Gesellschaft vereinen möchte. Der andere Name (Horst Hammitzsch) war mir geläufig, weil ich dessen bei Reclam erschienen Titel „Shinkokin-wakashu – Japanische Gedichte" im Bücherschrank stehen hatte, womit sich mir im Oberstübchen die Idee breit machte, dass ich mit diesem Vorsprung im Handgepäck zumindest für einen Stehplatz in der sich nun abzeichnenden Gemengelage gut sein sollte, eine Euphorie, die sich jedoch wie eine Seifenblase bereits im Wind verloren hatte, bevor sie zu Ende gedacht war. Zwei Alphatiere (also der „Konsul" und „unsere" Erika), benahmen sich plötzlich wie zwei Geheimagenten, weil sie im Wellengang des Haiku nicht nur einen Braten gerochen, sondern bei der Initiatorin der zu gründenden Haiku-Gesellschaft auch ein Bein in die Tür gestellt hatten und somit von ihr zur konstituierenden Sitzung der Gesellschaft nach Vechta eingeladen wurden.

Gründung der DHG in Vechta

Margret Buerschaper, eine Lehrerin, die es gewohnt war, größere Klassenverbände zu leiten und ihre Schüler mit dem nötigen Rüstzeug auf das Leben vorzubereiten, konnte hinsichtlich des Haiku mit einer Magisterarbeit aufwarten, die sie als Expertin auf dem Gebiet des japanischen Kurzgedichts auswies. Unsere „Chefin", die auf dem Gebiet des Ikebana bereits den schwarzen Gürtel innehatte und immerhin bereits auf einige selbst geschriebene Haiku verweisen konnte, war in dieser Runde bestimmt ebenfalls nicht kleinzureden, zumal sie mit dem besonderen Charme „für unzählige Ideen" aufwartete und deren Durchsetzung ebenfalls meisterlich zu inszenieren wusste. Wer jedoch weiß, wie die Gründer eines Vereins diesen auch zu gestalten gedenken, kann sich recht leicht vorstellen, dass die Musik nach dem Willen des Dirigenten und nicht nach dem Geschmack der Musiker zu spielen hat. Aber vor dem Eingemachten soll hier zunächst die Überlegung von Margret Buerschaper vorgestellt werden, die der Gründung zugrunde lag und das hohe Ziel der neuen Gesellschaft darstellte:

> „Als ich (Margret) die als Magisterarbeit erstellten Ausführungen über das „Deutsche Kurzgedicht nach japanischem Vorbild" zum Buch ergänzte und dessen Herausgabe mit Professor Carl Heinz Kurz besprach, waren wir uns einig, dass bei der großen Anzahl deutschsprachiger Haiku-Autoren und der Zunahme der Veröffentlichungen eine Vereinigung nötig sei, die es ermöglicht, die Autoren miteinander bekannt zu machen, ihre Werke zu besprechen und die bestehenden Unsicherheiten über Form und Inhalt auszuräumen. In einem längeren Gespräch mit Professor Horst Hammitzsch wurde deutlich, dass sich die Kurzgedichtformen nur dann zu einer literarisch und literaturwissenschaftlich anerkannten Gattung der deutschsprachigen Lyrik herausbilden können, wenn wir durch ein ernsthaftes Miteinander, durch Aussprachen, Diskussionen und sinngerechtes Üben einen Weg finden, bestimmte Kriterien auszuarbeiten, anzuerkennen und auch anzuwenden. Die japanischen Anforderungen an ein Haiku und an die übrigen Formen können wir für das Deutsche nur teilweise einbeziehen – sie können eine Grundlage sein, die wir jedoch mit europäischem Denken und Fühlen füllen müssen.
> Ein deutschsprachiges Kurzgedicht wird nicht dadurch zum Haiku, dass wir japanische nachdichten oder Japonismen einfügen. Es muss uns gelingen, unsere Welt mit ‚Haiku-Augen' zu sehen, sie mit unserer Seele zu begreifen und in wohldurchdachte Worte zu fassen.
> Die zweite Überlegung war, dass das schon bestehende Senryû-Zentrum diese Zusammenarbeit und die ausstehenden Grundsatzdiskussionen nicht leistet. So beschlossen Professor Kurz und ich, von Prof. Hammitzsch bestärkt, eine Haiku-Gesellschaft ins Leben zu rufen, die sich bemühen soll, die angesprochenen Aktivitäten zu ermöglichen."

Was außer dieser Grundsatzrede noch so alles geschah, wurde uns zwei sich neugierig in der Warteschleife drehenden Nobodys mit einem lapidaren „so wars und isses" nebst einem Aufnahmeantrag in die DHG unter die Nase gerieben, derweil „unser Konsul" bereits zum Ehrenmitglied gekürt und unsere „Chefin" in den Beirat gewählt wurde, was wir zwei daheim Gebliebenen schicksalsergeben wie eine Selbstverständlichkeit abhakten. Die Geburtsstunde der Deutschen Haiku-Gesellschaft e. V.

nahm am 30. Januar 1988 mit der Eintragung ins Vereinsregister ihren Anfang.

Das Personal der ersten Zeit

Margret Buerschaper war die Steuerfrau, die das Schiff Haiku nach ihren Vorstellungen auf Kurs brachte und mit einem Kraftaufwand sondergleichen die Richtung vorgab, was ein Haiku ist, was es zu beinhalten hat, wie viele Silben in welcher Reihenfolge zu verarbeiten sind und dass die Jahreszeit im Text herauszulesen sein müsse. Und dass ein Haiku kein Senryû ist, weil jenes wie die bucklige Verwandtschaft eher den Klamauk im Fokus hat und somit eher der lyrischen Comedy zuzurechnen sei. Ihr zur Seite standen Mario Fitterer (ein eloquenter Wegbereiter des etwas „anderen" Haiku) und Conrad Miesen als Schriftführer, der als einziger noch authentisch darüber berichten könnte, was es bedeutete, im Vorstand eigene Akzente setzen zu wollen. Als Powerfrau leitete Frau Buerschaper die DHG nahezu allein, gratulierte anfänglich jedem Mitglied handschriftlich zum Geburtstag und schien pausenlos auf Achse, um die bereits in Ahlen, Magdeburg und anderswo existierenden Haiku-Kreise zu besuchen, mit diesen zu dichten als auch zu debattieren, wobei es genau die in den Vierteljahresschriften (so war die ursprüngliche Bezeichnung des späteren SOMMERGRAS) veröffentlichten Auffassungen waren, die nicht unbedingt folgenlos blieben. In den ersten Jahren ging es daher so ähnlich zu wie im alten Amerika, als der Nord-Süd-Konflikt Fahrt aufnahm und die Revolver schneller aus den Halftern gerissen wurden, als es den verschiedenen Kontrahenten lieb war. Es wurde um die Inhalte im Haiku gekämpft, die Theoretiker auf den Plan gerufen, die Diskussionen gerieten heftiger, näherten sich fast schon dem Unerträglichen. Rede und Gegenrede waren durchaus üblich, bissige Leserbriefe keine Seltenheit und somit die Gemengelage unübersichtlich. Es war immerhin etwas los in der DHG, es wurde sich verbrüdert und verschwestert, Gruppenbildungen im kleineren Kreis vollzogen, dann gemeinsam Position bezogen, kritisiert, angeprangert, ausgegrenzt und angefeindet und sich wieder versöhnt, bis am Ende keiner mehr so recht wusste, wo es eigentlich wirklich lang geht und wann und warum ein Haiku noch ein Haiku genannt werden durfte.

Und wie bei unterschiedlichen bis ablehnenden Auffassungen üblich, wurde plötzlich ein versöhnlich gemeinter Begriff, das „Haisen", eingeführt, das einen aus Haiku und Senryû resultierenden Zwitter darstellte, der jedoch bereits nach wenigen Wochen in den sich sofort auftuenden Schützengräben wie ein unerwünschter Hase gejagt und erlegt wurde. Auf dem Stiefelhügel ragt daher so manches Kreuz in den Haiku-Himmel, von denen jedes andere Geschichten zu erzählen wüsste.

Die DHG und die Rolling Stones

In der Erinnerung glorifiziere ich den Pioniergeist der ersten Jahre, das verschwörerische Miteinander, das Madigmachen anderer Auffassungen, das Miteinander im Briefwechsel, die gegenseitigen Besuche und ständig neu ausgeheckten Dinge. Ein Haiku-Lehrpfad war mal im Gespräch, Kurse für Anfänger wurden organisiert, Lesungen veranstaltet, und mit großer Beteiligung der DHG wurde gar beim Rosenmuseum in Steinfurth ein Haiku-Stein mit buddhistischem Brimbamborium eingeweiht, ein Haiku-Krimi begonnen, dann wieder verworfen usw. Nicht zu vergessen wäre auch ein Japanisch-Deutsches Treffen in Bad Homburg, von dem noch ein Bild existieren sollte, das alle vor dem Schloss aufgereihten Teilnehmer zeigt und ein Hinweis dafür ist, dass die „DHGler" zum Feiern nicht besonders animiert zu werden brauchten und die Mitgliederversammlungen auf Außenstehende so wirken mussten, als wären sämtliche Familienmitglieder eines Clans aus aller Welt zusammengekommen. Es war also auf vielen Ebenen etwas los, was Margret Buerschaper recht schnell dazu veranlasste, die unter dem Dach versammelten Haiku-Kreise in die Arbeit mit einzubeziehen und den Schulterschluss mit jenen Verbänden zu halten, welche im eigentlichen Sinn auch das Gesicht der DHG prägten. Es war den zahlreichen Workshops zu verdanken, welche von den einzelnen Gruppierungen auch in Zusammenarbeit mit nicht organisierten oder ausländischen Haiku-Gruppen veranstaltet wurden. Wenn ich an diese Zeit zurückdenke, fangen meine Augen tatsächlich an zu leuchten, weil es lebendig zuging, im Zorn auch mal eine Friedenstaube erschossen wurde und die unter der Hand als „Blumenkasten-Haiku" verpönten Gebilde unter ständigem Beschuss standen. Aber wie in so manchen Pop-Gruppen üblich, lösen sich solche Gruppen irgendwann auf (außer den Rolling Stones natürlich, die uns insoweit ein Vorbild sein sollten), weil die Leadsänger plötzlich Solokarrieren hinlegen oder andere in Anlehnung an die klassischen Radrennen wie ein Backstein im Feld immer weiter nach hinten durchgereicht werden und dann einsam und verlassen aufgeben, weil sie das Tempo (also den gestiegenen Anspruch an das Haiku) nicht mehr halten konnten.

Neue Köpfe, neue Ideen

Als die Kräfte der „One-Woman-Show" aufgebraucht waren, legte Margret Buerschaper die Geschicke der DHG in die Hände von Martin Berner, dem Shootingstar aus der Frankfurter Clique, der das Haiku reformierte, die Regeln aufbrach und mit Bravour demonstrierte, wie auch ein Haiku mit weniger Silben unter die Haut gehen kann. Unvergesslicher Höhepunkt seiner Präsidentschaft war und ist das internationale Haiku-Treffen von Bad Nauheim. Nach der „Ära Berner" sind es nun die den Lesern von SOMMERGRAS bestens bekannten Damen, die das Schiff DHG gekonnt durch die bewegte See steuern und das immer noch tun, wofür an dieser Stelle ein dickes Lob an alle daran Beteiligten zu richten ist, wovon die Kerle im Vorstand zur Erhaltung ihres Engagements natürlich nicht ausgeschlossen werden dürfen. Ich erinnere insoweit an den Aufruf im letzten SOMMERGRAS, die aktuelle Mannschaft auch mit Ihrem Engagement zu verstärken.

Was noch werden kann

Was mir fehlt, ist der Geist der ersten Jahre, das kollektive Miteinander, das Ringen um gute Texte und eine verschworene Gemeinschaft, die es anderen mal so richtig zeigt, was man mit Haiku vielleicht noch alles erreichen oder auch machen könnte. Heute gibt es nur mehr Paarungen bei den Kettendichtungen, während die Masse aus Einzelkämpfern besteht, was ich bedauerlich finde. Ich plädiere dafür, dass sich Mitglieder wieder verstärkt zusammenschließen, Action machen, andere dadurch animieren ebenfalls mal auf die Pauke zu hauen, damit es nicht bloß eine DHG ist, die ein Heft herausgibt, sondern wieder eine DHG wird, die einer Ideenschmiede gleicht und damit viele Mitglieder dazu infiziert, mitmachen zu wollen.

Aktuell gibt es den „Wiesbadener Haiku-Kreis" um das DHG Mitglied Rita Rosen, das sich jedoch beharrlich in Schweigen hüllt, statt immer mal zu berichten, was sich da so tut. Dann wären noch die Haiku-Workshops des Haiku-Enthusiasten Klaus-Dieter Wirth zu nennen, der seit 2016 zweimal jährlich in Wiesbaden tagt, was aktuell in SG löblicherweise dokumentiert wird. Auch gibt es einen taufrisch angebotenen Haiga-Workshop mit Claudia Brefeld, der sich hoffentlich ebenfalls reger Beteiligung erfreut und womöglich ebenfalls in gewissen Abständen angeboten wird.

30 Jahre DHG, all meine vergossenen Tränen angesichts der in mir lebendig gebliebenen Anekdoten und Begegnungen, sowie trotz einiger Vorbehalte mein anhaltendes Staunen über die Erfolgsstory DHG, obwohl der geänderte Zeitgeist ein anderes Miteinander bedingt, das Bemühen jedoch, dem „deutschen Haiku" einen bleibenden Platz im Pantheon der Lyrik zu verschaffen, auch im digitalen Zeitalter weiter fortgeschrieben wird. Bleiben Sie also am Ball und gestalten Sie alle mit.

*1. DHG-Vorsitzender (2009–2013)

30 Jahre Deutschen Haiku-Gesellschaft
von Brigitte ten Brink

Von den vielen Mitgliedern der ersten Stunde sind elf bis heute Mitglieder der DHG:

Ingo Cesaro, Volker Friebel, Georges Hartmann, Ilse Hensel, Hilka Koch, Saskia Ishikawa-Franke, Rüdiger Jung, Sabine Sommerkamp, Werner Völk, Paul Vogel, Christa Wächtler (in alphabetischer Reihenfolge), die hier an dieser Stelle einmal selbst zu Wort kommen und sich kurz vorstellen. Allen ein herzliches Dankeschön!

Ingo Cesaro

1966 stieß ich durch Michael Groißmeier auf die traditionellen Haiku.

Als ich erste Gespräche mit Margret Buerschaper führte, konnte ich auf zwanzig Jahre Haiku-Schreiben zurückblicken.

Vor über dreißig Jahren startete ich mit nachhaltigen Literaturwerkstätten für Haiku an Schulen und Universitäten im In- und Ausland. Mit dabei meine „mobile Handpresse". Wir setzen und drucken Haiku „wie zu Gutenbergs Zeiten". In den vergangenen Jahren erschienen über 140 Buchveröffentlichungen mit Haiku von mir, und ich gab über 120 Editionen heraus, dazu zahlreiche internationale Anthologien.

Von Anfang an versuchte ich, nicht nur Haiku zu schreiben, sondern auch in dieser Ethik zu leben.

Goldfisch aus China.
Um ihn zu verstehen schnell –
einen Dolmetscher.

Was bringt heute Glück?
Vierblättrigen Klee gibt es –
schon im Supermarkt.

Volker Friebel

Tübingen 1988, ein bewegendes Jahr. Mein erster Computer, nach Studiumabschluss als Externer eine Dissertation anleiern, erste Kurse in Stuttgart geben, Vereinbarung erster Sachbücher … Die Welt schwankte, schien weit und offen. Im Jahr davor hatte ich mich als Interessent bei der Haiku-Gesellschaft angemeldet. Und nun, im Juni, erschien bereits eine Vierteljahresschrift. Da lag schon eine eigene Haiku-Sammlung auf dem Tisch, „Lichtsplitter", selbst mit Nadel und Faden gebunden. Eines der sieben Exemplare sandte ich Mario Fitterer, dem Autoren eines inspirierenden Haiku-Aufsatzes in einer Tübinger Literaturzeitschrift. Auch andere schienen dabei zu sein, dem Haiku hier eine Heimat zu schaffen. Waren das nicht gute Aussichten?

> Knospende Linde.
> Die Amsel, stumm auf dem Zweig,
> verdreht bloß den Kopf.

> Weggablung im Schnee.
> Links wie rechts nur *eine* Spur.
> Und tiefe Stille.

Georges Hartmann

Zwei Damen und ich in einer Buchhandlung, in der ein japanischer Professor (Hachiro Sakanishi) im Wesentlichen auf das Haiku zu sprechen kam. Der Vortragende gab sich alle Mühe und ich mir wenigstens einen interessierten Gesichtsausdruck, bis die Worte endgültig an meinen Ohren vorbeisegelten. Nach dem Vortrag explodierte mir ein fragendes „Und?" in den Ohren. Auf mein klägliches „Ja?" ein folgenschweres „Gut!" und folgende Anweisung: „Nächsten Dienstag bei mir. Eine Bibliothekarin macht ebenfalls mit, dann sind wir zu dritt, und los geht's mit dem Haiku." Der Einzelgänger und das Haiku? Hundert Worte reichen nicht aus, mich beim Haiku zu bedanken.

Das Auge isst mit,
lobt der Kater das Büffet.
Zwei Amseln im Schnee.

Als sich das Mondlicht
in ihrem Nasenring brach,
wurde er mutlos

Ilse Hensel

Geboren am 30.12.1930 in Königsberg, medizinisch-technische-Assistentin, Fachassistentin für Mikrobiologie, nach dem Krieg bis 1948 in Mecklenburg-Vorpommern, dann in Schleswig-Holstein, in der Schweiz und wieder in Schleswig-Holstein. Lebt seit 1991 als Rentnerin in Hamburg.

Erste Haiku-Veröffentlichungen ab 1982 in der Zeitschrift „apropos", neben anderen Gedichten und Kurzprosa. Weitere Haiku-Veröffentlichungen in Anthologien, DHG-Publikationen und eigenen Bändchen; in Higginson: „The Haiku-Handbook"; in Zusammenarbeit mit Jane Reichhold das Renga „In The Clearing Overlaps"; in Jane Reichhold: „Tigers In The Teapott" und "Narrow Road to Renga".

Hinweise auf meine Veröffentlichungen siehe Kürschners Deutscher Literaturkalender.

Ein Haiku zeichnet sich durch ein unmittelbares Erlebnis und dessen konzentrierter Formulierung aus.

Auf dem Zeitungsblatt
wandernder Druckbuchstabe?
Eine Ameise
    (DHG 1991)

Wolkenkratzer – Sommerwind
An Hochhausklinker weht
ein Vogelflaum
(DHG 1992)

Saskia Ishikawa-Franke

Geboren am 14.9.1941 in Freiburg i.Br., 1960 Abitur; 1966 Dipl. Ing.,
Lehrerin für Mathe und Physik am Wirtschaftsgymnasium in Waldshut;
1973 Promotion, von 1976–1997 an der Konan-Universität in Kobe, Professur seit 1993.

1977 konnte ich an der privaten Universität Konan in Kobe, wo ich seit
1976 tätig war, an einem Sprach- und Literaturkurs für Ausländer teilnehmen. Dort bekam ich genauere Kenntnis vom Haiku, las Bashô, Issa etc.
in englischer und deutscher Übersetzung und begann mit eigenem Schreiben von Haiku und Haibun. Das Ich weglassen, sich in die Natur einfühlen, den Augenblick erfassen, und das in Kürze, dabei vieles offenlassen,
das finde ich wichtig, bleibe aber in der traditionellen Form 5/7/5 mit
Jahreszeitwort und manchmal einem Schneidewort *kireji*.

Verschiedene Veröffentlichungen über Kunst und Literatur. Eigene
Veröffentlichungen mit Haiku, Haibun u. a. gemeinsam mit Christa
Wächtler: „Im Wandel der Jahreszeiten", Eutin 1987. Mit Zeichnungen
beider Autorinnen und Mitsunobu Ishikawa.

Mitarbeit in Zeitschriften, SOMMERGRAS, Anthologien, besonders
bei der Autorenwerkstatt, R. G. Fischer, Frankfurt und Neue Cranach
Presse, Kronach. Mitarbeit bei Haiku-Kalendern.

Das Manyoshu
wird lebendig. Seine Pflanzen
in Nara. Schwüle.

Leben wie Lotos
im Sumpf der Welt. Oben
mit Gleichmut strahlen.

20

Rüdiger Jung

Jahrgang 1951, verheiratet, Pfarrer.

Was mir das Haiku bedeutet?
Ein Zeitgenosse Bashôs – Andreas Gryphius, Betrachtung der Zeit (1663)*, – schreibt:

Mein sind die Jahre nicht, die mir die Zeit genommen;
Mein sind die Jahre nicht, die etwa möchten kommen;
Der Augenblick ist mein, und nehm ich den in acht,
So ist der mein, der Jahr und Ewigkeit gemacht.

Das ist, was ich möchte in meinen Haiku – schöner kann ich es nicht sagen: den Augenblick in Acht nehmen.

Zwei Haiku (1988)

Nach Blutsbrüderschaft
stand ihr der Sinn. Vergeblich!
Die arme Mücke.

November. Eine
Motte, die ihre große
Flamme verpaßt hat

*Der Neue Conrady. Das große deutsche Gedichtbuch. Von den Anfängen bis zur Gegenwart. Neu herausgegeben und aktualisiert von Karl Otto Conrady. Düsseldorf, Zürich: Artemis & Winkler, 2000. S. 170

Werner Völk

Werner Völk, geb. 1935, Arzt, Zen-Schulung über Jahrzehnte. Haiku-Veröffentlichungen, zwei Haiku-Büchlein, letzteres 2017. Mitarbeit Ärzteanthologien. Seit 1988 Mitglied der DHG. Wohnhaft in Schrobenhausen/Oberbayern.

Dieser alte Stock
gibt den Erbsen immer noch
einen festen Halt

Helle Winternacht.
Schau, des Nachbarn Hund führt heut –
seinen Schatten aus!

Für mich drückt sich die im Augenblick vertiefte Erfahrung lange geübter Achtsamkeit in dieser Form des Kurzgedichtes unter Beibehaltung der Silbenzahl 5-7-5 aus, und zwar im Wechsel der Jahreszeiten. Im besten Fall leuchtet dann die ursprüngliche Einheit alles Seienden auf.

Paul Vogel

Ich bin 1940 in Königswalde Schlesien geboren und 1946 durch die Vertreibung nach Wadersloh in Westfalen auf einem Bauernhof gelandet. Nach der Volksschulzeit begann ich eine Lehre als Goldschmied, holte dann mein Abitur nach und studierte erst Theologie und anschließend Pädagogik. War dann 30 Jahre im Schuldienst und seit 2000 außer Diensten.

Mit dem Schreiben fing ich schon während der Zeit an, als ich das Abitur nachholte.

1964 erste Veröffentlichung im Emsboten in Warendorf, dann 1973 in der Ruhrtangente. Es folgten ab 1980: *Die Leute auf Vahlhaus, Haiku Plattdeutsch, Tage wie Glas und Spreu, Über den Rand hinaus, Stimmen hinter dem*

Wind, Herbstbilder, Wie ein Wispern im Espenbaum und zuletzt *Niemandsgärten* und *Nach nie verklungen.*

> eben zeichen noch
> dann hat flut sie weggewischt
> fußspuren am strand

> noch im vergehen
> schenkt sie ihren lebensduft
> blume waldgeisblatt

Ich beschäftige mich seit früher Jugend mit der Natur, und die beiden ausgewählten Haiku beschäftigen sich mit der Vergänglichkeit, wie sie uns ja in der Natur auf Schritt und Tritt begegnet. Gerade in diesem Vergehen erleben wir oft eine einzigartige Schönheit, die sich auch gelegentlich bei alten Menschen zeigt.

Christa Wächtler

Seit 43 Jahren schreibe ich erfolgreich mit Preisen in Tokio (1994) und Frankfurt/Main (2000) meine 17-silbigen Haiku als Dreizeiler in der Anordnung 5-7-5.

Erst durch den Eintritt in die DHG in Vechta 1988 lernte ich durch die Leiterin Margret Buerschaper weitere Gedichtformen Japans kennen, wie das Senryû, Senku, Renga und das Tanka.

Zu allem nehme ich ausführlich Stellung in meinem 2. Band „Jahreszeiten" vom Doppelband „Im Wandel der Jahreszeiten", Bilder und Haiku-Verse von 1987–2000. Band 1 und 2 in einem Band. Bearbeitete und erweiterte Ausgabe. Struve-Verlag, Eutin, 2000.

Da ich dem Haiku den größten Stellenwert wegen der Kürze und der Prägnanz einräume, habe ich dem Haiku meinen 1. Band „Im Wandel der Jahreszeiten" gewidmet. Dieses Buch war 1990 auf der Frankfurter Buchmesse.

Zur Untermalung meiner Bilder nehme ich beide Versformen (Bild und Wort als Einheit).

Das Haiku spielt auch eine besondere Rolle bei meinen Lesungen im Sierksdorfer Galerie-Haus. Die Besucher formen Haiku für mein Gästebuch.

Für den Schulunterricht wird oft von Lehrern mein Buch gekauft, da es wie ein Lehrbuch aufgebaut ist. Margret Buerschaper sei Dank!

Möwen und Krähen
picken zugleich am Dorschkopf
Winterlich der Strand

(6. Platz beim Haiku-Contest 1994 in Tokio/300. Geburtstag von Matsuo Bashô. 20.000 Einsender)

Im Palmengarten
maulkörbige Kampfhunde
suchen Baumschatten

(7. Preis Neue Presse Frankfurt/Main. Thema des Wettbewerbes: Hochsommer in der Stadt. 1930 Einsender)

Weiterdichten

Weiterdichtung zu einem Tan-Renga

Wir hatten Sie, liebe Leserinnen und Leser, in der vorausgegangenen Ausgabe zum Weiterdichten eines Tan-Renga eingeladen. Vorgegeben waren zwei Oberstollen von Claudia Brefeld und Eleonore Nickolay, wir suchten dazu gelungene Unterstollen. 19 Autoren haben Beiträge eingereicht und 37 Unterstollen gedichtet, von denen wir gerne eine Auswahl präsentieren. Alle Einsendungen wurden vor der Auswahl anonymisiert.

Die SOMMERGRAS-Redaktion bedankt sich herzlich bei allen Autoren.

Nachfolgend drei Weiterichtungen, die Claudia Brefeld, Horst-Oliver Buchholz und Eleonore Nickolay als besonders gelungen ausgesucht haben.

Ein Tan-Renga, das mich besonders anspricht

am steigenden Fluss
die alte Weide streichelt
ihr Spiegelbild

unsere Zeit rauscht
in den Frühling
Claudia Brefeld (CB)/Angelica Seithe

Ein Tan-Renga, das mit einem starken Oberstollen eröffnet. Inhaltlich, wie auch in der Komposition der ersten drei Verse, steht „die alte Weide" im Mittelpunkt. Sie ist das Gravitationszentrum, um das sich alles dreht in diesen fünf Zeilen, wie wir später noch sehen werden. Man sieht es bildlich vor sich, hat Vergleichbares vielleicht schon gesehen, ein alter knorriger Baum am Ufer, das steigende Wasser fließt durch tief hängende Zweige. Die fest verwurzelte Weide, das gleichförmig dahinfließende Wasser, das alles strahlt Ruhe aus, Gelassenheit, die „alte Weide" auch Würde, die sich im Wasser spiegelt. Ein Bild, ein Eindruck, tiefer geprägt noch durch das Streicheln, wie selbstverliebt oder hier wohl eher sich der würdevollen Ausstrahlung sehr wohl bewusst. Eine Trauerweide vielleicht, was sich dem zärtlichen Gestus des Streichelns harmonisch einfügen würde, steht die Trauerweide in der japanischen Poesie doch sinnbildlich für eine schöne Frau.

Im Unterstollen dann kommt wie kontrastierend Dynamik in das harmonische Bild: „unsere rauscht". Dass sie in den Frühling rauscht, ist für sich allein genommen schon eine effektvolle kleine Komposition. Steht der Frühling doch für Neubeginn, Aufbruch, Erblühen, während die vorbeirauschende Zeit – ach, wie die Zeit vergeht! – auf Gegenteiliges zielt, auf die Vergänglichkeit und Endlichkeit, Verfall gar. Das alles in ganz wenigen Worten. Sehr gut. Nun gibt das Verb „rauscht" noch mehr her und wird im Kontext der kurzen Verse konnotativ weiter ausgeschöpft. Denn in den Frühling rauschen, das hat eben auch tatsächlich etwas Rauschhaftes, ein Sichhineinstürzen in die junge Jahreszeit, ein Aufblühen, kurz: ein rauschhaftes Erleben. Auch das lässt sich in diesen Versen lesen, ohne sie zu überdehnen. So verknüpft die Autorin die dahinrauschende, also ablaufende Zeit mit dem gegenteiligen Motiv der Erneuerung, dem Frühling. Fürwahr, toll gemacht! Und, mehr noch, der Frühling, als das junge Neue, verweist darüber hinaus und gegensätzlich zurück in den Oberstollen, zu der alten Weide: das Alte und das Neue. Hier in diesen fünf Zeilen nehmen sie Gestalt an. Ein schlüssiges, atmosphärisches Bild, das die beiden Autorinnen vor unsren Augen ausbreiten, harmonisch im Wechselspiel seiner inneren Bezüge, geschlossen in der Form, offen im Ausgang. Nennt man das „kongeniale Ergänzung"? Zutreffend wäre es.

Horst-Oliver Buchholz

Frühsommerabend
im Garten summt wieder
die Nachbarin

Es blüht der Diptam
schon im zehnten Jahr

Eleonore Nickolay (EN)/Erika Uhlmann

Ein Tan-Renga, das in leichten Bildern eigentümlich changiert im Zwischenraum von Gegensatz und Kontinuität; eines, das diesen schmalen Grat souverän beschreitet und meistert. Wie geschieht das? Zunächst der Oberstollen: ein lauer Sommerabend offenbar, ein Summen im Garten, vermutlich Bienen, möchte man nach Zeile zwei noch denken. Doch nein, kein Insekt, es ist – in einer überraschenden Wendung – die Nachbarin, die summt. Sie summt „wieder", so wie die Natur im Frühling und (Früh-)Sommer wiederkehrt und das Leben der Menschen wieder aus den Häusern tritt hinaus ins Freie, übertragen: ins Befreiende. Ein stimmungsvolles Bild das allein schon, dabei keine rein impressionistische Wortmalerei, sondern darüber hinausweisend in Allgemeineres: das Begrüßen der warmen Jahreszeit, das Heitere, das dem innewohnt. Wie in jedem Jahr „wieder", ein Curriculum, wiederkehrend. Und doch begegnet dem Leser im Oberstollen zugleich auch das Vergängliche. Denn Abend ist es schon, die kühle, vielleicht gar kalte Nacht kommt bald. Verflogen dann die kurze Zeit sommerabendlicher Heiterkeit und dann wieder der Rückzug ins schützende Haus. So ist schon allein dieser Oberstollen ein lyrisches Kleinod, das auch als Haiku seinen Platz in jeder guten Sammlung gefunden hätte.

Nun der Unterstollen, der in wunderbarer Leichtigkeit anschließt, einen neuen Akzent setzt und dabei den Ort nicht verlässt: Wir bleiben in der Natur, „es blüht der Diptam". Doch der kurzen Frist eines Frühsommerabends wird nun ein weit längerer Zeitraum entgegengestellt: „es blüht … schon im zehnten Jahr". Dass es ausgerechnet der Diptam ist und nicht etwa die langlebige Rose, ist ein besonderer Kunstgriff. Denn der Diptam, auch „Brennender Busch" genannt, gehört zur Familie der Rautengewächse, eine Pflanzenart, die als bedrohte Seltenheit in Mitteleuropa bereits seit 1936 unter Naturschutz steht. In diesen Versen, dem Unterstollen, ist der Diptam der Gefährdung entgangen, zehn Jahre schon. Dem Leser begegnet hier das Motiv der Selbstbehauptung in bedrohlichem Umfeld. Und das der Kontinuität, die zehn Jahre, die zum flüchtigen Sommerabend des Oberstollens einen Kontrapunkt setzen, der gleichwohl innerhalb des Bildes bleibt, das die fünf Zeilen insgesamt zeichnen. So kommt es zwischen Ober- und Unterstollen zu keinem harten Bruch, vielmehr schreibt der Unterstollen eine begonnene Melodie fort in einer neuen fein gesetzten Akzentuierung. Das alles hat Tiefe und doch ist es nicht schwer, sondern in leichten, einfachen Worten, wie schwebend beinahe, gesagt, geschrieben, gedichtet. Klasse.

Horst-Oliver Buchholz

Außerdem haben die Juroren 10 weitere Unterstollen mehrheitlich als besonders gelungen angesehen. Und so sind die folgenden Tan-Renga entstanden …

am steigenden Fluss
die alte Weide streichelt
ihr Spiegelbild

das Strömen der Jahre
ging drüber hin
    CB/Kerstin Ambach

am steigenden Fluss
die alte Weide streichelt
ihr Spiegelbild

ein Kajakfahrer zieht
das Paddel ein
    CB/Christa Beau

Frühsommerabend
im Garten summt wieder
die Nachbarin

auf ihren Lippen Süße
der Waldmeisterbowle
    EN/Christa Beau

Frühsommerabend
im Garten summt wieder
die Nachbarin

reglos die kleine Wolke
als ich sie umarme
    EN/Gerd Börner

Frühsommerabend
im Garten summt wieder
die Nachbarin

im letzten Wintertee
ein Löffel Honig
EN/Horst-Oliver Buchholz

am steigenden Fluss
die alte Weide streichelt
ihr Spiegelbild

ein Junge
wirft einen Stein
CB/Ute Kassebaum

Frühsommerabend
im Garten summt wieder
die Nachbarin

er betrachtet besorgt
das Wespennest unterm Dach
EN/Brigitte ten Brink

am steigenden Fluss
die alte Weide streichelt
ihr Spiegelbild

mein Schatten wandert
auf die andere Seite
CB/Birgit Heid

Frühsommerabend
im Garten summt wieder
die Nachbarin

ein Duft von Holunder hat
alle Türen geöffnet
EN/Angelica Seithe

Frühsommerabend
im Garten summt wieder
die Nachbarin

beim Stricken ihres Strumpfes
in der Ferne bellt ein Hund
EN/Christa Wächtler

Dieser SOMMERGRAS-Beitrag sowie alle Einsendungen sind auch auf unserer DHG-Website nachzulesen!

Über Meinungen und Gedanken für die nächste SOMMERGRAS-Ausgabe würden wir uns sehr freuen. Was meinen Sie? Welches Tan-Renga, welcher Unterstollen gefällt Ihnen besonders und warum würden Sie es in Verbindung mit den jeweils vorgegebenen ersten Zeilen als besonders gelungen empfinden?

Aufruf: ein Haiku zu einem Foto!

Die SOMMERGRAS-Redaktion lädt Sie wieder ein: Schreiben Sie ein Haiku zu diesem Foto (von Eleonore Nickolay), damit daraus ein Haiga werden kann!

Einsendungen bis zum
15. Juli 2018
an
redaktion@deutschehaikugesellschaft.de
Stichwort „Haiku zum Foto"

Jeder Teilnehmer kann ein Haiku einreichen. Die Jury wählt ein besonders gelungenes aus und ergänzt das Foto zu einem Haiga, das in der nächsten Ausgabe SOMMERGRAS veröffentlicht wird. Außerdem präsentieren wir dann eine Auswahl weiterer Haiku, die uns erreicht haben.
Wir sind gespannt auf Ihre kreativen Ideen und freuen uns auf viele Zusendungen!

Haiku-Kaleidoskop

Klaus-Dieter Wirth

Grundbausteine des Haiku (XXXII)
dargestellt an ausgewählten Beispielen

Perspektivenwechsel

Perspektive[1] (lat. perspicere = durch-, hineinblicken) bezeichnet, literarisch gesehen, zunächst nichts anderes als den Standpunkt, von dem aus ein Geschehen aufgefasst und weitergegeben wird[2]. Die sogenannte Erzählhaltung[3] [4], die dabei im Falle des Haiku eingenommen wird, ist die des personalen Autors, der möglichst durch seine „Figur" hindurch berichtet, weitgehend objektiv hinter sie zurücktritt, sodass letztlich der Eindruck entsteht, dass der Leser durch sie das Geschehnis erlebt. Verpönt ist dagegen die Haltung des vordergründigen, dominanten Ich-Erzählers[5] wie auch die des auktorialen, allwissend überschauenden, sich einmischenden, kommentierenden Erzählers.

Beim Perspektivenwechsel, wie in diesem Grundbaustein vorgestellt, geht es nun nicht etwa um die Unterscheidung zwischen der Fernperspektive eines unbeteiligten, objektiven Beobachters und der Nahperspektive eines unmittelbar vor Ort Beteiligten[6], sondern um die Einnahme eines ungewöhnlichen, unerwarteten[7] Blickwinkels, sozusagen um ein Augenöffnen für die Sicht von der anderen Seite.

---

1   Aus lat. *perspicere* = durch-, hineinsehen
2   von Wilpert, Gero: Sachbuch der Literatur, Stuttgart (Kröner), 71969, S. 675, ISBN 3-520-23107-7
3   Engl. *point of view*, franz. *point de vue*
4   Stanzel, Franz: Typische Formen des Romans, Göttingen (Vandenhoeck & Ruprecht), 1979
5   Vgl. Grundbaustein 13
6   Vgl. Grundbaustein 24
7   Vgl. Grundbaustein 1

31

Forellen vliegen!
en onder in het water
varen de wolken[8]

    Onitsura Uejima (JP)

Springende Forellen!
im Wasser darunter
treibende Wolken

ganjitsu ya
kusanoto-goshi no
mugibatake

    Kuroyanagi Shôha (JP)

Am Neujahrsmorgen –
durch die Tür meiner Hütte
schaut ein Weizenfeld[9]

Un cygne dans le brouillard –
ou peut-être …
le brouillard autour d'un cygne

    Tôta Kaneko (JP)

Ein Schwan im Nebel
oder vielleicht …
der Nebel um einen Schwan

Vent d'automne –
de ce que voit le coq
je ne sais rien

    Shûson Katô (JP)

Herbstwind –
von dem, was der Hahn sieht,
weiß ich nichts

Dans l'œil de l'oiseau migrateur
je deviens
toujours plus petit

    Gosengoku Ueda (JP)

Im Auge des Zugvogels
werde ich
immer kleiner

Sanssouci –
eine Tasse Tee lang
der Blick der Putten

    Gerd Börner (DE)

im Museum
Bilder
schauen mich an

    Michael Denhoff (DE)

---

8   Übersetzung von J. van Tooren
9   Übersetzung von Ekkehard May

die hortensie
immer noch zitiert sie
rilke im garten

    Norbert Kraas (DE)

Fröhlicher Kopfstand
der Himmel über der Stadt
liegt mir zu Füßen

    Stefan Wolfschütz (DE)

De eerste schooldag.
Ze kijkt toch nog eens om.
Hou je sterk, papa!

    Luc Barbé (BE)

Der erste Schultag.
Sie guckt sich doch nochmal um.
Bleib tapfer, Papa!

Het teckeltje –
het leert het kleine meisje
hoe het pootjes geeft

    Ad Beenakkers (NL)

Dackelchen
lehrt das kleine Mädchen
wie man Pfötchen gibt

het zompig moeras
hoe innig het afscheid neemt
van mijn lieslaarzen

    Marianne Kiauta-Brink (NL)

der tiefe Morast
wie innig er Abschied nimmt
von meinen Wasserstiefeln

De hoge dakrand.
Een duif kijkt naar beneden –
ik voel hoogtevrees.

    Bart Mesotten (BE)

Der hohe Dachrand.
Eine Taube guckt herunter –
ich empfinde Höhenangst.

een koolmeesje landt
op de rand van het balkon,
komt mensen kijken

    Marie Peters (NL)

ein Kohlmeischen landet
auf dem Rand des Balkons,
kommt Menschen gucken

vanaf een tak
kijkt de boomvalk mij aan
door mijn kijker

    Max Verhart (NL)

von einem Ast
schaut der Baumfalke mich an
durch mein Fernrohr

fleeting wind –
the branch reaches after
the sparrow
    Paul Chambers (GB)

kurzer Windstoß –
der Ast langt aus nach
dem Sperling

Paris –
in my mouth
a foreign tongue
    Carlos Colón (US)

Paris –
in meinem Mund
eine fremde Zunge

step by step
each jetty stone
shaping me
    Bill Cooper (US)

Schritt für Schritt
jeder einzelne Molenstein
prägt mich

seagulls gliding
out of sky
into memory
    Anne LB Davidson (US)

Seemöwen gleiten
aus dem Himmel
in die Erinnerung

sweeping snow
the path welcomes
once again
    Merrill Ann Gonzales (US)

Schneeräumung
der Pfad heißt
wieder willkommen

through the night
Beethoven weaves his thoughts
into mine
    Margery Newlove (GB)

die ganze Nacht hindurch
webt Beethoven seine Gedanken
in meine

silence of snow
we listen to the house
grow smaller
    John Parsons (GB)

Schneeschweigsamkeit
wir hören dem Haus zu
wie es kleiner wird

art class …
she starts drawing
the shadow first

    K Ramesh (IN)

Christmas lights
I switch on
their smiles

    David Serjeant (GB)

the sparrow
catching me staring …
its short legs

    Richard St. Clair (US)

autumn morning –
leaning my weight
on the wind

    Martha Street (GB)

The lark ascending
following
its own song

    Dave Sutter (US)

De l'autre côté
la même éolienne tourne
dans l'autre sens

    Isabel Asúnsolo (ES/FR)

Tous lesc matins
il promène son maître
confiance aveugle

    Daniel Birnbaum (FR)

Kunstunterricht …
sie beginnt zuerst
den Schatten zu zeichnen

Weihnachtslichter
ich schalte
ihr Lächeln ein

der Spatz
er erwischt mich beim Anstarren …
seine kurzen Beinchen

Herbstmorgen –
ich lehne mein Gewicht
gegen den Wind

Die aufsteigende Lerche
folgt
ihrem eigenen Gesang

Von der anderen Seite
dreht sich das Windrad
im anderen Sinne

Jeden Morgen
führt er sein Herrchen aus
blindes Vertrauen

35

Face-à-face –
l'oiseau se demande-t-il
ce que je fais là?

    Hélène Duc (FR)

Von Angesicht zu Angesicht –
fragt sich der Vogel
was ich da mache?

Entre deux grues
Les heures font pivoter
Le ciel sur ses gonds

    Alain Kervern (FR)

Zwischen zwei Kränen
Die Stunden schwenken
Den Himmel in seinen Angeln

sur l'autoroute
un champ de maís défile
à toute vitesse

    Hélène Leclerc (CA)

auf der Autobahn
ein Maisfeld zieht vorbei
mit hohem Tempo

Ébauche sur la toile –
le sujet ne sait pas encore
qu'il sera un chat

    Denise Therriault-Ruest (CA)

Leinwandentwurf –
das Sujet weiß noch nicht,
dass es eine Katze sein wird

Noche sin fin
las estrellas fugaces
nos miran pasar

    Salim Bellen (RL/CO)

Endlose Nacht
die flüchtigen Sterne
schaun zu, wie wir vorbeiziehn

I horisonten
lämnar masterna
havet öde

    Kai Falkman (SE)

Am Horizont
lassen Masten
die See verwaist zurück

storm over –
a boy wipes the sky
from the table

    Plažanin Darko (HR)

nach dem Sturm
ein Junge wischt den Himmel
vom Tisch

An eagle notices
a snake in the sea of grasses
it flies off with the bird

    Ćedo Kovaćević Ćekov (RS)

Ein Adler bemerkt
eine Schlange im Grasmeer
sie fliegt mit dem Vogel davon

a landscape sailing
below the clouds
towards the wind

    Stjepan Rožić (HR)

eine Landschaft segelt
unter den Wolken dahin
in Richtung Wind

new year –
my new face stares
at my old face

    Saša Važić (RS)

neues Jahr –
mein neues Gesicht starrt
in mein altes Gesicht

Eleonore Nickolay

Die französische Ecke

Die 59. Ausgabe von GONG, der Zeitschrift der Frankofonen Haiku-Gesellschaft, widmet sich Orten aller Art. Die dazu eingereichten Beiträge könnten unterschiedlicher nicht sein in der Wahl der Orte: von der Mongolei weiter zu einem Schlachtfeld und Gedenkort des Ersten Weltkrieges im Elsass, dann nach Coupvray, dem Geburtsort des Erfinders der Blindenschrift Louis Braille, und zu guter Letzt in ein einladendes Haus von Freunden voller Herzlichkeit und Naturverbundenheit bei Beauvais. Gemeinsam ist all diesen Orten, dass sie den Autoren sehr viel bedeuten. Weiterhin ist die Tatsache bemerkenswert, dass sie alle, ohne vorherige Absprache, das Haibun als Ausdrucksmittel wählten. Die Kenner des Genres wird das kaum überraschen, eignet sich doch die lockere Folge von kurzer Prosa und Haiku besonders gut für Beschreibungen und Wiedergabe von Impressionen. Ebenso vielfältig ist die Haiku-Auswahl zum Thema. Natürlich werden bekannte Ausflugsziele angesprochen, insbesondere Paris, aber den Orten persönlicher Erinnerungen und Eindrücke wird der Vorzug gegeben. Kritische Auseinandersetzungen, wie mit dem Dschungel von Calais, bleiben allerdings die Ausnahme.

pont Mirabeau
mon ombre dans la Seine
sans se noyer
 Jean-Hughes Chuix

Mirabeau-Brücke
mein Schatten in der Seine
ohne zu ertrinken

Vézelay ce matin
plus d'hirondelles
que de pélerins
 Dominique Borée

Vézelay heute Morgen
mehr Schwalben
als Pilger

hôpital –
il dit toujours la vérité,
l'ascenseur

  Eric Hellal

Krankenhaus –
er sagt immer die Wahrheit
der Aufzug

Banc vert du square
là où elle m'attendait
une grand'mère somnole

  Bruno-Paul Carot

die grüne Parkbank
dort wo sie mich erwartete
döst eine Großmutter

jungle de Calais –
derrière les pelleteuses
un bonnet

  Francine Aubry

Dschungel von Calais –
hinter den Baggern
eine Mütze

im Poesiealbum
wie zart doch
die Scherenschnitte

Haiku u. Foto:
Angelika Holweger

Haiga: Angelika Holweger

Nachruf

Klaus-Dieter Wirth

Nachruf auf Max Verhart (1944–2018)

Am 17. April verschied mein langjähriger niederländischer Freund und international sehr geachteter Haiku-Kenner Max Verhart nach relativ kurzer, schwerer Erkrankung an einem Gehirntumor. Noch im März 2017 hatten meine Frau Beate und ich ihn in seiner neuen Wohnung in 's-Hertogenbosch (Nordbrabant) besucht, in der er uns stolz und glücklich beherbergte und noch mit der reizvollen Umgebung bekannt machte. Im Herbst sollte dann der Gegenbesuch mit Marlène Buitelaar, seiner lieben Lebensgefährtin, in Viersen am Niederrhein erfolgen. Sie beide waren wie wir immer sehr aktiv und mobil gewesen und hatten sich noch so viel vorgenommen. Dann auf einmal die bestürzende Nachricht: „Wij kunnen niet komen. Max is ernstig ziek!" mit der Bitte, niemandem etwas davon zu sagen. So blieb es dann bei ständigem Kontakt mit Marlène bis zu ihrem letzten Wunsch, doch bitte die Benachrichtigung der Haiku-Welt-öffentlichkeit von diesem traurigen Ereignis zu übernehmen.

Max war ein echter alter Haiku-Hase, beschäftigte sich von Anfang an sehr ernsthaft mit dem Genre, bald auch auf internationaler Ebene. Er schrieb und veröffentlichte Haiku etwa ab 1980. Von 1999 bis 2003 war er Vorsitzender des niederländischen Haiku-Kreises HKN (*Haiku Kring Nederland*), vom Sommer 2004 bis zum Winter 2009 Hauptredakteur des *Vuursteen*, der ältesten noch bestehenden Haiku-Zeitschrift Europas, die der HKN zusammen mit dem HCV (*Haiku-centrum Vlaanderen*), dem flämischen Haiku-Zentrum, herausgibt. Sehr bald nahm Max zugleich an internationalen Treffen teil, so 1999 in Großbritannien und Slowenien. Es war die Zeit der großen, konkurrierenden Gründungen von weltweiten Organisationen: 1998 der WHC (*World Haiku Club*) unter der Ägide von Susumu Takiguchi mit dem Hauptevent des *World Haiku Festival*s 2000 und dem *London-Oxford Conference Manifesto* sowie 2000 die WHA (*World*

Haiku Association) in Tolmin, Slowenien durch die Initiative von Ban'ya Natsuishi, der klugerweise zunächst Jim Kacian (USA) sowie Alain Kervern (Frankreich), Dimitar Anakiev (Serbien) und eben Max mit ins Boot zog. Dieser fungierte dann nur von 2001 bis 2002 als europäischer Direktor der WHA, weil die Vereinigung wie auch der WHC leider relativ bald nach anfänglich begeistertem Zulauf durch innere Querelen bis auf rudimentäre Reste immer mehr zerfielen. 2000 war Max auch Mitglied der HSA (*Haiku Society of America*) geworden und gehörte ab 2002 dem Herausgeberstab der von Jim Kacian veröffentlichten, verdienstvollen *Red Moon Anthology* an. Von 2007 bis 2013 war er als Auslandskorrespondent Mitherausgeber von *Modern Haiku*, der wohl bedeutendsten amerikanischen Haiku-Zeitschrift. Daneben betrieb er selbst seit 2005 einen kleinen niederländischsprachigen Haiku-Verlag 't schrijverke (Taumelkäfer). Von 2010 bis 2015 publizierte er schließlich mit Marlène Buitelaar (Niederlande), Norman Darlington und mir die niederländisch-englische Haiku-Zeitschrift *Whirligig*, die englische Bezeichnung für den Taumelkäfer.

Meine persönliche Bekanntschaft mit Max geht bis auf das Jahr 2003 zurück, beginnend mit der internationalen Begegnung von Haiku-Dichtern und Übersetzern in Soest bei Utrecht (Niederlande). 2005 trafen wir uns wieder auf der 1. Europäischen Haiku-Konferenz in Bad Nauheim, 2007 auf der zweiten in Vadstena (Schweden) – wo ich auch zum ersten Mal Marlène kennenlernte –, 2010 beim einwöchigen Internationalen Haiku-Festival in Gent (Belgien), 2013 anlässlich der 25-Jahrfeier der DHG in Ochtrup, 2014 zur 25-Jahrfeier der japanischen HIA (*Haiku International Association*) in der schwedischen Botschaft in Brüssel und 2015 wieder in Gent beim nächsten mehrtägigen Internationalen Friedens-Festival.

Außerdem machte Max auch gerne persönliche Besuche bei Haiku-Freunden im Ausland, so etwa bei David Cobb in England, Norman Darlington in Irland, Jean Antonini in Frankreich oder Antonella Filippi und Pietro Tartamella mit ihrer Gruppe Cascina Macondo in Italien. Solche Reisen pflegte Max mit seinem zweiten Hobby zu verbinden, dem Auffinden seltener Orchideen. Er kannte sich so gut in diesem Spezialgebiet aus, dass er seine Lieblinge wahrscheinlich gleich bei ihrem lateinischen Namen ansprach und ansonsten mit ihnen wie Issa mit seinen Spatzen oder

Schnecken kommunizierte. Natürlich wurden immer nur Fotos von der glückhaften Begegnung gemacht. Ein weiteres Hobby von Max war seine länderübergreifende Ahnenforschung.

Schließlich lag ihm schon früh das dringende Bedürfnis am Herzen, alles, was das niederländischsprachige Haiku dokumentiert, zu sammeln, um es für die Nachwelt zu bewahren. Zu seiner großen Freude gelang ihm das auch, als er 2016 das *Poëziecentrum Vlaanderen* in Gent für seine Idee gewann, ein würdiger Ort für sein Wunschvorhaben, *Het Toreken*, ein Gildehaus aus dem 15. Jh. am zentralen *Vrijdagmarkt*.

Viele der Haiku von Max wurden auch in Übersetzung im Ausland veröffentlicht. Außerdem verdanken wir ihm mehrere eigene Bücher. In letzter Zeit wandte er sich zunehmend dem Foto-Haiku und Haibun zu.

Wahrhaftig ein trauriger Verlust für die internationale Haiku-Gemeinde! Ich werde dich vermissen, Max!

Hier eine kleine Auswahl seiner Haiku, wobei das erste geradezu als Definition verstanden werden kann:

zo gewoon	so gewöhnlich
dat het menigeen	dass es manch einem
niet opvalt	gar nicht auffällt
gaatjes branden	kleine Löcher brennen
in een bamboestok	in einen Bambusstock
de geur van muziek	der Duft von Musik
verblekende foto	verblassendes Foto
mijn toekomstige ouders	meine zukünftigen Eltern
zijn nog verliefd	sind noch verliebt
stille zondag	stiller Sonntag
de schaduw van de iep	der Schatten der Ulme
doet zijn ronde	macht seine Runde

fog and my breath – both gray	Nebel und mein Atem – beide grau
in the grass softly a buzzing cola tin	im Gras ein sanftes Summen Coladose
in het dorpscafé oefent de fanfare hoe het bier smaakt	im Dorfkrug übt die Blaskapelle wie das Bier schmeckt
Striemend petst de melk tjàk-tjàk-tjàk in de emmer. Hij heeft maar één koe.	Peitschend klatscht die Milch tjack-tjack-tjack in den Eimer. Er hat nur die eine Kuh.

Und dies als Abschieds-Haiku (jisei)?

het ijle fluiten van de wind in de fles is opgehouden	das schwache Pfeifen des Winds in der Flasche ist verstummt

Lesertexte

Ausgezeichnete Werke
Zusammengestellt von Claudia Brefeld

Der Abdruck der Haiku erfolgt mit freundlicher Genehmigung der Auto-ren, von denen (wenn nicht anders angegeben) auch die Übersetzungen stammen.

7. Setouchi Matsuyama International Photo-Haiku Contest

Aus den 1.484 Einsendungen von Foto-Haiku in Englisch wurden 60 Ge-winner-Haiku für eine ehrenvolle Erwähnung ausgewählt. Von dieser Liste erhielten 8 Werke Zertifikate und Warenpreise in Höhe von 58.000 Yen.

7th Setouchi Matsuyama Photo Haiku Contest on a theme of your choice
Es gab einen *Grand Prix* und zweimal den *Award for Excellence*.
Unter den 27 mit einem *Award* Ausgezeichneten sind unsere Mitglieder Sonja Raab und Eleonore Nickolay.

your questioning look
on gray waves rocks
a message in a bottle
    Sonja Raab

dein fragender blick
auf grauen wellen schaukelt
eine flaschenpost

house on the cliff
all my possessions
in your smile

Eleonore Nickolay

Haus auf den Klippen
all mein Besitz
in deinem Lächeln

7th Setouchi Matsuyama Photo Haiku Contest Haiku in English on a set theme

Es gab einen *Grand Prix* und zweimal den *Award for Excellence*. Ralf Bröker erhielt einen der beiden *Special Prizes*.

Unter den 25 mit einem *Award* Ausgezeichneten ist unser Mitglied Christof Blumentrath.

Christmas stall	Weihnachtsmarkthütte
the stranger changes	der Fremde wandelt sich
into a friend	in einen Freund

    Ralf Bröker

between shadows and light	zwischen Schatten und Licht
echoes	Echos
from long ago	aus alter Zeit

    Christof Blumentrath

The 21st Mainichi Haiku Contest – International Section

Unter Honorable Mention wurde unser Mitglied Simone K. Busch ausgezeichnet.

November sunset	Novemberstille
the rutted earth	die zerfurchte Erde
exhaling	atmet aus

    Simone K. Busch

Shortlist des Touchstone Distinguished Book Awards der Haiku Foundation

80 Bücher waren nominiert, davon wurden 15 in die Shortlist aufgenommen. Simone K. Busch kam mit ihrem Buch in diese Endauswahl. Die endgültigen Preise werden noch bekannt gegeben.

Simone K. Busch:
von Schatten trinken / sipping from shadows. Books on Demand. 2016.

Die Haiku- und Tanka-Auswahl Juni 2018

Es wurden insgesamt 223 Haiku von 78 Autoren und 42 Tanka von 26 Autoren für diese Auswahl eingereicht.

Einsendeschluss war der 15. April 2018. Diese Texte wurden vor Beginn der Auswahl von mir anonymisiert.

Jedes Mitglied der DHG hat die Möglichkeit, eine Einsendung zu benennen, die bei Nichtberücksichtigung durch die Jury auf einer eigenen Mitgliederseite veröffentlicht werden soll.

Eingereicht werden können nur bisher unveröffentlichte Texte (gilt auch für Veröffentlichungen in Blogs, Foren, soziale Medien und Werkstätten etc.). Bitte keine Simultan-Einsendungen!

Bitte vorzugsweise die Haiku/Tanka in das Online-Formular auf der DHG-Webseite selbst eintragen:

deutschehaikugesellschaft.de/haiku-und-tanka-die-auswahl/

Ansonsten per Mail an: auswahlen@deutschehaikugesellschaft.de

Der nächste Einsendeschluss für die Haiku/Tanka-Auswahl ist der 15. Juli 2018.

Jeder Teilnehmer kann bis zu fünf Texte – davon drei Haiku – einreichen. Mit der Einsendung gibt der Autor das Einverständnis für eine mögliche Veröffentlichung in der Agenda 2019 der DHG sowie auf http://www.zugetextet.com/

Haiku-Auswahl der HTA

Die Jury bestand aus Thomas Berger, Reinhard Dellbrügge und Anke Holtz. Die Mitglieder der Auswahlgruppe reichten keine eigenen Texte ein.

Alle ausgewählten Texte – 51 Haiku – werden in alphabetischer Reihenfolge der Autorennamen veröffentlicht. Es werden bis zu maximal zwei Haiku pro Autor aufgenommen.

„Ein Haiku, das mich besonders anspricht" – unter diesem Motto besteht für jedes Jurymitglied die Möglichkeit, bis zu drei Texte auszusuchen (noch anonymisiert), hier vorzustellen und zu kommentieren.

Da die Jury sich aus wechselnden Teilnehmern zusammensetzen soll, möchte ich an dieser Stelle ganz herzlich alle interessierten DHG Mitglieder einladen, als Jurymitglied bei kommenden Auswahl-Runden mitzuwirken.

Eleonore Nickolay

Ein Haiku, das mich besonders anspricht

Aphrodite –
die warme Haut
des Marmors
    Gerd Börner

Ein Dreizeiler, also wenige Worte nur, und doch mehreres, das Aufmerksamkeit hervorruft. Von einer olympischen Göttin ist die Rede – und das im 21. Jahrhundert! Von einer sympathischen Macht zudem: Aphrodite, die nach den Vorstellungen der Antike ihre schützende Hand über die Liebenden, besonders über die Hochzeitsnacht, hält, die sowohl für verführerischen Liebreiz als auch für Fortpflanzung steht. Weil die Griechen die Zeugung von Nachkommen in Verbindung mit der Fruchtbarkeit der Erde sahen, galt ihnen Aphrodite allgemein als Göttin der Vegetation, des blühenden Lebens.

So schwungvoll, so assoziationsreich ist bereits das erste Wort des Haiku. Und in der zweiten Zeile geht es gleich gewinnend weiter: warme Haut – ein wohliges Gefühl stellt sich beim Lesen ein. Langsam, also genussvoll lesend, stellt sich die Frage, wie das zusammenhängen mag: erst die uralte Göttin, jetzt die Wärme von Haut. Ach ja, natürlich: das pulsierende Geschehen zwischen Menschen und in der Natur im weitesten Sinne, über das Aphrodite wacht.

Aber nun Zeile drei: Von Marmor spricht sie, von kristallinem Gestein.

48

Das ist ein überraschender Kontrast: die warme Haut des Marmors. Wieder bezieht das Kurzgedicht die Leser mit ein, lädt zum Spiel der Fantasie. Welcher Marmor? Vielleicht eine Skulptur, die Aphrodite darstellt? Wo wäre diese zu finden: in Griechenland, im Louvre oder in einem deutschen Museum? Ferner: Wodurch ist das Gestein warm geworden – durch Sonnenstrahlen, durch Berührung, durch Museumsluft? Schließlich die Haut des Marmors: Besitzt Marmor eine Haut? Das finde ich wunderbar: Der Gegensatz beinhaltet zugleich ein harmonisches Beieinander von Unbelebtem und Belebtem, von Carbonatgestein und Empfindung.

In alledem atmet dieses Haiku die Freiheit der Dichtung, die Lust an der Kreativität.

Ausgesucht und kommentiert von Thomas Berger

Kirchenruine
das Gewölbe
der Himmel
Frank Dietrich

Ein Haiku, das sich durch seine Prägnanz und atmosphärische Dichte auszeichnet. Es beschreibt keinen Vorgang, keine Situation, sondern gibt den Umriss eines Bildes.

Die erste Zeile des Haiku stellt das Ausgangsobjekt vor: eine Kirchenruine. Die zweite Zeile fokussiert den Blick auf ihr Gewölbe. Der Überraschungseffekt nun der dritten Zeile besteht darin, dass sich dieses Gewölbe als gar nicht mehr vorhanden herausstellt, weil es längst durch den Himmel ersetzt worden ist.

Nach der Logik des Bildes werden die Außenwände des Kirchenschiffs noch größtenteils existieren und aufragen, denn ohne Wände ergäbe weder eine fehlende Gebäudedecke noch ihr Substitut einen Sinn. Wir begegnen hier einem Motiv, das durchaus der romantischen Ästhetik eines Caspar David Friedrich entspricht. Bezieht sich das Haiku vielleicht auf eine beeindruckende mittelalterliche Ruine, die frei in der Landschaft steht? Oder eher auf eine städtische Kirche, die im letzten Weltkrieg zerstört und nicht wieder aufgebaut wurde?

Wie dem auch sei, das durch unser Haiku vermittelte Bild setzt sofort eine Fülle es ergänzender Bilder, Assoziationen und Fragen frei: Auf welche Geschichte oder Geschichten verweist die Kirchenruine? Ist sie vielleicht als Symbol aufzufassen, das für die Fragilität und Vergänglichkeit menschlichen Strebens steht? Für den Aufstieg und Niedergang von Kulturen oder speziell des Christentums? Steht sie für ein Resümee oder eine Prognose?

Bevor sich nun jedoch die Gedanken zum Inhalt des Haiku spekulativ verselbstständigen, sollte es noch einmal genau in Augenschein genommen werden.

Die Betonung liegt auf den Worten „Gewölbe" und „Himmel", wobei letzteres das entscheidende Wort, den Schwerpunkt darstellt. Der Himmel, der an die Stelle des Kirchendaches tritt, ist für dieses möglicherweise ein vollwertiger, sogar mehr als vollwertiger Ersatz. Das Himmelsgewölbe als eigentliches, alle Dächer transzendierendes Dach – diese „spirituelle" Deutung scheint mir der am nächsten liegende Ausgangspunkt für weitere vom Nachhall dieses Haiku inspirierte Gedanken zu sein.

Ausgesucht und kommentiert von Reinhard Dellbrügge

Ausgrabungen
unter dem Pflaster
liegt der Strand
Birgit Heid

Erinnerungen kommen in mir auf, an diese Abende am Strand, als die Jugend noch nicht einmal begonnen hatte. Sitzend an einem Lagerfeuer, erfüllt von einem grenzenlosen Gefühl von Freiheit. Barfuß im Sand, träumten und planten wir uns ein Leben, in dem alles möglich war.

Heute, nach einigen Schichten gelebten Lebens, sehne ich mich oft nach einem Strand. Würde ich anfangen zu graben, freizulegen, all die sorgfältig verlegten Pflastersteine beiseite räumen, er wäre wieder da, der Strand.

Dieses Haiku, und die damit wieder ausgegrabenen Erinnerungen, werden mich eine Weile begleiten. Auch das macht für mich ein gelungenes Haiku aus.

Ausgesucht und kommentiert von Anke Holtz

Die Auswahl

Zwischen zwei Tropfen
einen Moment Stille
hören
> **Ellen Althaus-Rojas**

ein kinderfoto
sie hängt noch auf der klinke
die alte springschnur
> **Sylvia Bacher**

vorhangwäsche
der morgenhimmel
unverhangen
> **Sylvia Bacher**

beim Vortrag
über den Fußboden wandert
ein Sonnenstrahl
> **Christa Beau**

Ostermarsch
der Alte
mit hängenden Schultern
> **Martin Berner**

Nach dem Halleluja Singen
eine große
Stille
> **Lidwina Bilgerig**

auf dem Dachboden –
zwischen den Schellackplatten
Mutters Summen
> **Gerd Börner**

Aphrodite –
die warme Haut
des Marmors
> **Gerd Börner**

Echo
der Berg bewahrt
kein Geheimnis
> **Stefanie Bucifal**

Jahresringe
… der gefällte Baum
spricht mir vom Leben
> **Horst-Oliver Buchholz**

Wollmäuse im Schrank,
das Kleinkind freut sich über
sein neues Spielzeug.

Renate Buddensiek

Kirchenruine
das Gewölbe
der Himmel

Frank Dietrich

Boarding
In den Augen
Tränen

Hans-Jürgen Göhrung

Morgenspaziergang
die Amsel flüchtet
zur rettenden Hecke

Karola Groch

ich denke
keine Termine heute
also bin ich

Wolfgang Gründer

den Weg suchend
im Frühnebel
singt die Shakuhachi

Claus Hansson

Winterlinge
noch angekettet die Stühle
im Straßencafé

Gabriele Hartmann

Donauquelle
glucksend läuft der Kleine
seiner Mutter davon

Bernadette Duncan

Dämmerstunde
die schnellen Flugschatten
der Fledermäuse

Hildegard Dohrendorf

Unter dem Eis
der Karpfen
horcht

Gregor Graf

Trödelmarkt,
die Vergangenheit
holt mich ein

Wolfgang Gründer

Auferstehung –
im Kloster schürt die Nonne
das Osterfeuer

Erika Hannig

nordische Kiesel –
ihr leises Lied
am Wellensaum

Claus Hansson

Ruderschläge
die Asymmetrie
ihres Lächelns

Gabriele Hartmann

Ausgrabungen
unter dem Pflaster
liegt der Strand
Birgit Heid

Eiseninfusion
Sie nimmt sich etwas Leichtes
Zum Lesen mit
Deborah Karl-Brandt

Wetterwechsel
die beiden alten Schwestern
streiten wieder
Silvia Kempen

Balzgesang
Tauben auf dem Geländer
im Balanceakt
Matteo Lieber

gleißende Helle
das Pochen der Stille
hinter den Lidern
Ramona Linke

eingeflochten
in den Löwenzahnkranz
Aussteigerträume
Ruth Karoline Mieger

erste Schwalbe –
er verspricht mir
eine Reise
Eleonore Nickolay

Angeln am Bach
eine Weide kühlt
ihre Zweige
Martina Heinisch

In der Wieskirche,
ein Japaner kniet nieder –
zum Fotografieren.
Manfred Karlinger

Ihre Blicke
vom Laufband aus
ins Grüne
Petra Klingl

neue Lachfältchen –
sorgfältig poliere ich
meinen Schminkspiegel
Eva Limbach

Abschied
hülle mich ein
in seinen Duft
Ramona Linke

abbruchreif –
die Drossel im Garten
brütet wieder
Eleonore Nickolay

der Ruf der Schwingen
ein ziehender Kranich
zwischen mir und der Welt
Wolfgang Rödig

Bergsturz
ein Blick auf die Steine
unter uns

Sebastian Salie

im stadtpark
am fuß der fontäne
duscht ein kormoran

Theo Schmich

an der Scheunenwand
umgarnen sich zwei Schatten –
Frühlingsabend

Angelica Seithe

Wolke
als kleiner Drache
zerweht

Hildegund Sell

am hellen Tag
sternenübersät –
der Waldboden

Brigitte ten Brink

Bodennebel
Rinder grasen
im Nichts

Klaus-Dieter Wirth

gewittergrollen
eine hummel versteckt sich
im löwenmäulchen

Elisabeth Sofia Schlief

Lego Batman
fliegt vom Turm
der Enkel träumt

Helga Schulz Blank

nach langem Regen –
die Furchen der Felder
voll Abendrot

Angelica Seithe

mikroplastik –
die trauer
einer walmutter

Helga Stania

Frühlingsboten
neue Sorten am Fenster
des Eiscafés

Friedrich Winzer

Tanka-Auswahl der HTA

Tony Böhle und Silvia Kempen wählten ein Tanka aus.

„Ein Tanka, das mich besonders anspricht" – unter diesem Motto werden Texte vorgestellt und kommentiert.

Ein Tanka, das mich besonders anspricht

die Freundin ausgespannt
mir ist als hätte er
alle wilden Pferde
der Erde
auf einmal gezähmt
Frank Dietrich

Ein Tanka wie das obenstehende gehört zu jener Gruppe, die polarisieren, die gleich beim ersten Lesen Begeisterung oder Kopfschütteln hervorrufen. Mit einer durchaus humoristischen wie auch ernsten Note lässt uns der Autor an seiner Gedankenwelt teilhaben.

Mit der Situation, dass einem der Partner oder die Partnerin ausgespannt wird, hat der eine oder andere schon Bekanntschaft machen müssen. Überraschend ist hier jedoch die distanzierte, fast bewundernd scheinen Betrachtung (mir ist als hätte er / alle wilden Pferde / der Erde / auf einmal gezähmt) des Geschehenen. Diese Darstellung hat für den Leser durchaus etwas Verstörendes an sich. Distanzierung und Staunen statt Wut und Trauer über die ausgespannte Freundin? Dazu formuliert in diesem leicht fließenden Ton, der locker dahingaloppiert. Es scheint, das lyrische Ich sähe hier eine Art von sportlichem Wettkampf, was wohl für den Charakter der zerbrochenen Beziehung bezeichnend ist.

Beeindruckend ist die ungewöhnliche Metaphorik: den Vergleich der Verflossenen nicht nur mit einem wilden, störrischen Pferd, sondern allen wilden Pferden der Erde auf einmal! Der Blick auf die Freundin, die nun ihren Pferdeflüsterer gefunden zu haben scheint, ist witzig und wirft auch einen kritischen Blick auf den Verfasser selbst, der sich wohl nicht auf das

Zähmen seiner besseren Hälfte verstanden hat oder es gar nicht ernsthaft versuchte. Sie war wohl einfach zu ungestüm und stark für ihn. Auch die Formulierung „ausspannen" hat ja durchaus etwas mit einem Pferdewagen zu tun.

Ausgesucht und kommentiert von Tony Böhle

Ameisen zählen
die Kleinste taufen wir

MAJOR TOM

Haiga: Gabriele Hartmann

Mitgliederseite

Jedes Mitglied der DHG hat die Möglichkeit, eine Einsendung zu benennen, die bei Nichtberücksichtigung durch die Jury der Haiku- und Tanka-Auswahl auf dieser Mitgliederseite veröffentlicht werden soll.

Taubenschlag –
endlich Picasso mit dem Brief
aus der Zukunft

Gerd Börner

Entweihte Kirche,
im Abriss-Staub schwingen noch
Bachs Fugen in Moll.

Renate Buddensiek

Nebel – dahinter:
nichts. Und weiter: Stimmen,
die sich verweigern.

Norbert Flemming

Der Schatten
eines Vogels
kein Laut

Gregor Graf

Sommeranfang,
meine Hoffnungen ergeben sich
dem Starkregen

Wolfgang Gründer

vom nahen friedhof
ein specht: unglückliche figur
am meisenknödel

Bernhard Haupeltshofer

ist dies der Frühling noch
der frühen Jahre
… das Schweigen der Blüte

Horst-Oliver Buchholz

Sternschnuppen
die Wünsche
von damals

Hildegard Dohrendorf

Mondgeheul
Die Angst des Wolfs
vor den Menschen

Hans-Jürgen Göhrung

80. Geburtstag
mein Blick auf die Welt –
versöhnlich

Karola Groch

diese Blume
zwischen meinen Fingern
ein Fenster zum Meer

Claus Hansson

Plein air
die Farben in den Bäumen
mischt der Wind

Martina Heinisch

Stetes Betteln. Krähe,
was bekommst du vom Abfall
im Winter?

Saskia Ishikawa-Franke

Vollmond webt mir
schneide Fäden lang und kurz
meine Geschichte

Ute Kassebaum

Pflaumenblüte
von Wolke zu Wolke
der Starenschwarm

Silvia Kempen

Auf dem Honigbrot
Spuren der Fliegenklatsche.
Kein süßer Anblick.

Karina Lotz

Tautropfen im Licht.
Im Glanz der Sonnenstrahlen
mein traurig' Gesicht.

Thomas Opfermann

der Sommerfluss
und die Herbsteinsamkeit
an demselben Tag

Dragan Ristic

der fast volle Mond
schwebt in der Wolken Milde
als ein ferner Trost

Hildegund Sell

Auf der Gartenbank
unterm Apfelblütenbaum –
sie löst ihren Haarknoten

Manfred Karlinger

Das ewige Warten
auf den Flug
der gebratenen Tauben

Petra Klingl

Lautloser Schatten
Eine Eule im Anflug –
Die Beute ahnt nichts

Reinhard Lehmitz

eine Trauerweide grünt
ich lese meine
ersten Haiku

Ruth Karoline Mieger

bärlauchpflücken
in der fahrtpause
dort wo die jungs pinkeln

Sonja Raab

früher zählte ich
die ausgefallenen Haare,
heute: was blieb

Peter Rudolf

Ein totes Zweiglein,
verrottend auf dem Rasen
– Insektennahrung.

Gerhard A. Spiller

der Ball rollt ins Aus
drei Generationen kicken
Opa gewinnt
Helga Schulz Blank

Nordseeküstenstrand
die blaue Himmelskuppel
küsst die Erdkrümmung
Angela Hilde Timm

Morgennebel
ruft den Frühlingswind
zum Tanz im Wiesengrund
Erika Uhlmann

Abendrot
der Takt von Ruderspuren
versunken im See
Klaus-Dieter Wirth

Im Klingelbeutel
kein Geklingel, nur Rascheln
ein gutes Zeichen
Jochen Stüsser-Simpson

alle schwärmen aus
Stockenten mit acht Küken
weicht der Dampferschar
„Spree-Comtess" folgt „Poseidon"
fröhlich winkt ein Kind vom Deck
Ingrid Töbermann

Sommerfliederstrauch
von bunten Faltern liebkost
den Nektar saugend.
Volltrunken des Honigs Gold
taumeln die Füchse davon.
Christa Wächtler

unter der Brücke
Glanz des fließenden Wassers
im Schatten ein Mensch
Gisela K. Wolf

Haibun

Gabriele Hartmann

aller guten Dinge

Auf der A3 geht es – trotz dreier Spuren – nur langsam voran. Ein Stau. Wir nähern uns dem Dernbacher Dreieck. An der Böschung äsen zwei Rehe. Die Kolonnen nehmen ein wenig Fahrt auf, bremsen wieder, kommen zum Stillstand. Dort, wo die Leitplanke endet, steht – mit gesenktem Kopf – ein drittes.

>Rettungsgasse
>mit sanftem Druck ergreifen sich
>unsere Hände

Helga Stania

zwei rehe

unter dem bergwald; regungslos blicken sie über den wiesenhang, dort, wo ein gletscher einst den talrand formte

>der knospende baum
>meiner träume
>flüsterwind

zwischen stacheldrähten hindurch das wild mit leichtem sprung.

Die Ufer der Stadt

Ein „Fluss-Lehrling", spottete der spanische Dichter Francisco de Quevedo. Tatsächlich fließt der Manzanares wenig majestätisch, flach und schmal, durch das königliche Madrid, zumeist unbeachtet von den Bewohnern der Stadt. Auch heute sehe ich nur ein paar Angler, alte Männer mit Zigarette, die reglos am Ufer stehen. Etwas abseits ein Madrilene mit Baskenmütze. Sie alle suchen Schutz vor der Sonne im Schatten der wenigen Bäume, die staubig sind. Der Tag ist heiß, zähfließend die Zeit, der Fluss wie stehend, trübe, grünem Glas gleich, das in Kies gebettet ist. Das spärliche Wasser trägt keine Boote, eine Handvoll Blätter nur. „So viele Brücken für so wenig Fluss", sagen die Madrilenen. Als ich ans andere Ufer will, finde ich keine.

Hundstage …
durch die Stadt streichen
Schatten um Schatten

Tan-Renga

Rüdiger Jung und Horst Ludwig

Sonntagsspaziergang
wie die Knospen sich öffnen
im Dornengebüsch!

Folgsam dem Wink der Regie
löse ich meine Schuhe

HL / RJ

Ilse Jacobson und Horst Ludwig

Still verweile ich
mit alternden Gedanken
am Bach noch daheim

was war schwingt nach – sommerhoch
das Madrigal der Sterne

HL / IJ

Claus Hansson und Helga Stania

in braunen augen
gespiegelt
der steppenwolf

am tresen einer bar
die kündigung vergessen

CH / HS

dämmerung
streift meine gedanken...
seeschwalben

unerwartet schnell kommt
teneriffa in sicht

HS / CH

62

herbstbrandung
im milden licht auch
birkenduft

unvergessen die hellen
stimmen der kinder

CH / HS

seniorentanz
draußen
liegt schnee

über dem feuerkorb
duftet ein stockbrot

HS / CH

Christof Blumentrath und Brigitte ten Brink

Nebelwand
auch das Windspiel
hält still

fest im Arm
mein schlafendes Kind

CB / BtB

Ruth Karoline Mieger und Brigitte ten Brink

Ostereierfärben
vom Frühling
keine Spur

die lange Liste
der Vermissten

BtB / RKM

Kettengedichte

Angelika Holweger und Ilse Jacobson

Pan
Renhai

Kumuluswolken	
der Tagmond	
taucht unter	AH

im Mittagsschilf Pan	IJ
zwei Libellen halten Hochzeit	AH

komm Südwind
und wehe
*durch meinen Garten** IJ

* Hohelied 4, 16

Christof Blumentrath und Brigitte ten Brink

SEITE AN SEITE
Renhai

frisches Grün	
im Stadtpark	
alle Bänke besetzt	BtB

auf den Lippen	CB
immer wieder dieses Lied	BtB

alte Freunde	
Seite an Seite	
mit meinem Rucksack	CB

64

Christof Blumentrath und Brigitte ten Brink

ETWAS WEICHES
Renhai

erste Schwalben
Vater schlüpft in seine
neuen Slipper   CB

Veilchen am Wegrand   BtB
etwas Weiches   CB

Sonne satt
eine Wiese lädt ein
zur Rast   BtB

Gabriele Hartmann und Brigitte ten Brink

vom Nichts
Renhai

Antennensignale
in der Bodenstation
wächst die Aufregung   BtB

die Spur im grauen Himmel   GH
verschlungen vom Nichts   BtB

hör nur:
die Wildgänse kommen schon
zurück   GH

Gabriele Hartmann und Silvia Kempen

DÉJÀ-VU
Renhai

Piazza Trevi
für einen Moment hält er
ihre Hände   SK

greifen ins Leere   GH
– enttäuscht vom Gegenüber   SK

Déjà-vu
die Frau mit meinem Gesicht
geht vorbei   GH

Haiga: Gabriele Hartmann

Leserbriefe

Nachruf

Abgeknickt
der blütenreiche Sommer
Kein Brief mehr von dir

Dieses Haiku möchte ich Flandrina von Salis widmen, mit der ich mich einige Jahre lang schrieb. Reich beschenkt fand ich mich durch jeden Brief von ihr. Durch sie erfuhr ich auch von der Publikation SOMMERGRAS. Das war für mich ein wichtiger Schlüssel zur Haiku-Welt. Leider brach dann der Briefkontakt aus Zeitmangel ab.

Dem Nachruf von Conrad Miesen möchte ich nun noch Weiteres hinzufügen. Auf der CD „Duo en treis" sind vier Herbst-Haiku von Flandrina von Salis zu hören, die Meinrad Schütter (1910–2005) im Jahr 1993 vertont hat. Der Komponist Peter Mieg komponierte das Stück „Les humeurs de Salis". Außerdem möchte ich auf ihre Publikation „Der Buchsbaumgarten" (2014) aufmerksam machen.

„Der barocke Buchsbaumgarten vor dem Schloss Bothmar wird im Werk mit Sprache, Bildern und Dokumenten beschrieben. Die Balance zwischen dem geometrischen Willen des Buchsbaumgartens und der leisen Anarchie der hinteren Gartenkabinette kommt zur Sprache", sagte Hansjörg Quaderer, Leiter der Edition Eupalinos, zum Inhalt des Buches. Im Februar wurde das Werk von Flandrina von Salis sogar mit dem Label „Schönstes Buch aus Liechtenstein 2014" prämiert. (Quelle Internet)

Liebe Grüße
Beate Waszner

Rezensionen/Besprechungen

Das Jahr der Rezensionen

Liebe Haiku-Freundinnen, liebe Haiku-Freunde,

im Jahr 2019 möchten wir, der Vorstand der Deutschen Haiku-Gesellschaft, als besonderen Schwerpunkt viele neu herausgegebene Bücher mit Haiku oder zum Thema Haiku in Rezensionen sowohl in unserer Zeitschrift SOMMERGRAS als auch auf unserer Webseite vorstellen. Aus den Reihen der DHG konnten wir mittlerweile mehr als zwölf Mitglieder gewinnen, die diese Aufgabe des Rezensierens gerne übernehmen werden.

Nun laden wir im nächsten Schritt dazu ein, gedruckte Werke in der Redaktion der DHG einzureichen. Wir freuen uns auf Zusendungen von Büchern, die seit 2017 als Haiku-Sammlungen oder aber als thematische Schrift zum Thema Haiku erschienen sind, sei es im Eigenverlag oder aber als externes Verlagsprojekt. Wir freuen uns auf Zusendungen und hoffen, 2019 unserem Publikum durch die Rezensionen einen aktuellen Überblick über das Schaffen deutschsprachiger Autoren in Sachen Haiku geben zu können.

Buchexemplare mit dem Hinweis

„Exemplar/e für eine Rezension im SOMMERGRAS und auf der DHG-Website" bitte senden an:

Christa Beau
Louis-Jentzsch-Straße 13
6132 Halle an der Saale

Mit herzlichen Grüßen aus der DHG-Redaktion und im Namen des gesamten Vorstandes

Claudia Brefeld und Eleonore Nickolay

René Possél

Seezeichen

Seezeichen. Haiku von Susanne Leiste-Bruhn. Wiesenburg-Verlag, Schweinfurth. 2018. ISBN-13: 9783956326059. 112 Seiten.

Susanne Leiste-Bruhn, in Halberstadt geboren, studierte Germanistik, Kunstgeschichte und Philosophie. Sie war in verschiedenen Museen in Nürnberg und Berlin tätig und veröffentlichte unter anderem Literaturreiseführer zu Werken von Storm und Fontane. Zwei Büchlein mit Haiku sind bereits von ihr erschienen: „Mit einer Kranichfeder" sowie „Kiefernwind und Dünengras".

Das neu erschienene Haiku-Büchlein „Seezeichen" hat für Bibliophile fast alles: einen edlen Einband, Hochglanzseiten mit maximal zwei Haiku auf einer Seite sowie ästhetisch fotografierte und atmosphärisch gelungene Naturfotos.

Sorgfältig gesetzt und beinahe durchgehend in der klassischen 5-7-5-Form geschrieben erscheinen die Haiku. Das Zusammenspiel von Fotos und Haiku möchte zum Innehalten, zur Meditation der in den Haiku beschriebenen Bilder hinführen. Auf den über 100 Seiten begegnet man vielen Haiku, die in Bild und Sprache einleuchten, wie etwa:

Die Buche im Park.
Unsere Initialen
ziemlich hoch oben.   S. 18

und:

Kommt oder geht sie,
Die dunkle Gestalt am Strand?
Novemberabend.   S. 63

Das eine beschwört mit der gewachsenen Baum-Inschrift unausgesprochen die Dauer junger Liebe. Das andere evoziert mit der Stimmung eines

Novemberabends am Strand die Mehrdeutigkeit, ja Zwielichtigkeit der Phänomene, auch der Menschen …

Aber auch nachdenkliche, melancholisch gestimmte Haiku sind dabei. Sie überzeugen in ihrer einfachen Sprache und in ihrer Anregung für die eigene Besinnung – wie:

Am Ende bleiben
wohl nur gestrige Tage,
Erinnerungen.   S. 99

und:

Im Oktoberlicht
verlassenes Ferienhaus.
Wie war dein Sommer?   S. 56

Bei aller gestalterisch und sprachlich anspruchsvollen Aufmachung des Büchleins bleiben bei mir Fragen: Äußerlich wird fast immer die klassische Haiku-Struktur eingehalten, inhaltlich, was Haiku-Kriterien und Originalität betrifft, überzeugen nicht alle Gedichte.

Da werden Natur und Metapher seltsam vermengt („Statt Flocken fallen Haiku aus dem Himmelblau"). Andere nehmen bereits die Erkenntnis vorweg („stärker als die Zeit") oder legen subjektive Emotionen in die Objekte hinein („der beleidigte Navi").

Mir fehlt manchmal der gewisse Haiku-Moment, das Überraschende des Gedichts; auch der Reiz für denkende Leser, die Pointe im Weiterdenken selber zu erschließen (siehe Klaus-Dieter Wirth, Grundbausteine des Haiku (I), S. 35).

„Seezeichen": Das Büchlein von Susanne Leiste-Bruhn steuert sicher einen Kurs, der die Leser auf schönem Schiff in Richtung guter Haiku trägt; die letzte Feinsteuerung steht für mich noch aus.

Berichte

Beate Wirth-Ortmann

Wiederkehr an alte Stätte

Als die DHG im Juni 2015 ihre Mitgliederversammlung in Wiesbaden bei höchstsommerlichen Temperaturen abhielt, konnten damals erstmals die angenehme Räumlichkeit der Mauritius-Mediathek und die dortige Gastfreundschaft genossen werden.

Nun, zur Eröffnung der Haiga-Ausstellung von Ion Codrescu, diesmal bei eisigem Winterwetter, hieß wieder Frau Friedrich-Preuß, Leiterin der Mediathek und auch Mitglied der Wiesbadener Haiku-Gruppe, mit zwei ihrer Lieblings-Haiku die erschienenen Haiku-Freunde willkommen:

Chiyo-ni   Bashô

Die Windenranken   Sommergras
verstrickt der Brunneneimer   ist alles, was geblieben ist
Wasser vom Nachbarn   vom Traum der Krieger

Sie erläuterte ihren persönlichen Zugang zu diesen beiden Gedichten mit sehr einfühlsamen Worten, wobei ihr ein gelungener Übergang zur Vierteljahreszeitschrift der DHG, SOMMERGRAS, gelang und damit zugleich eine Wortübergabe an Klaus-Dieter Wirth. Dieser wies mit kurzen, vertiefenden Erläuterungen auf Wesensmerkmale des Haiku und besonders des Haiga hin, dem ja diese Ausstellung gewidmet wurde.

Die Zuhörer lauschten dann den mit Klangschalengong angekündigten, abwechselnd vorgetragenen Jahreszeiten-Haiku. Das heitere, humorvolle Wesen der ausgewählten Texte ließ die Zuhörer häufig schmunzeln, die sich im intensiven Nachgespräch für einen gelungenen Abend bedankten.

71

Hartmut Fillhardt

Blaureiher

Am 10. April 2018 trafen sich, wie bereits in den Vorjahren, etliche Haiku-Bewegte in der ehemaligen Robert-Koch-Schule in Wiesbaden-Bierstadt.

Das im Herbst des Vorjahres gemeinsam vereinbarte und von Ruth Karoline Mieger im Vorfeld verteilte Programm sah vor, statt detaillierter Theorie möglichst viele Runden mit dem Vortragen und gemeinsamen Redigieren von zu Hause selbst gestrickten Haiku zu verbringen.

Spätestens jedoch, als Klaus-Dieter Wirth zur Begrüßung an der Tafel ein vorher dort kreidig notiertes Haiku vorstellte, „nur zum Aufwärmen" wie er meinte, oben die japanische Notation, darunter „interlinear" (d. h. „zwischen den Zeilen") einzelwortbezogen die deutsche Roh-Übersetzung, war es um den Vormittag geschehen. Fast die gesamte Gruppe, mich selbst eingeschlossen, stürzte sich mit Begeisterung auf die Fragmente an der Tafel – der Rest der Teilnehmer wurde einfach mitge-schleift:

Planung
in Bierstädter Workshops
Schall und Rauch

Halte mal jemand eine davonstürmende Arbeitsgruppe auf, die Haiku-Blut geleckt hat …

Aus den Fragmenten an der Tafel waren die Bilder zu entziffern, bes-ser: zu „erfühlen", die dem Original aus der Feder des japanischen Dich-ters Buson möglichst nahe kommen sollten.

Es war nicht ganz einfach, aber nachdem wir uns mal reingebissen hat-ten, förderten wir in drei Runden gemeinsamer Anstrengung schließlich einige Übertragungen ins Deutsche zutage, die sogar Klaus-Dieter ein Lä-cheln abrangen:

Ach, der Abendwind
Der Blaureiher still
im bewegten See

> Georges Hartmann

Klaus-Dieters schier unerschöpfliche Kommentare schafften es zudem, immer wieder neue interessierte Fragen aus uns Teilnehmern herauszukitzeln:

Ist es für einen seriösen Haiku-Dichter ehrenhaft, beim Redigieren zu berücksichtigen, nach welchen Kriterien in Kukai oder durch Fachjurys bewertet wird?

Ist es ratsam, sich Vorbilder für das eigene Arbeiten aus den vielveröffentlichten Werken von Jan Ulenbrook oder Gerolf Coudenhove zu suchen, oder sollten ernsthafte Haiku-Dichter sich stilistisch doch eher an den Übersetzungen von Ekkehard May oder Géza S. Dombrády orientieren?

Offen blieb, ob die aus heutiger Sicht maniert anmutenden Stilblüten der erstgenannten einen Spiegel ihrer Zeit darstellen oder einen persönlichen Stil, an dem die Verlage dieser Autoren bis heute festhalten. Da wir jedoch an diesem Tag, wie jedes Mal wenn alle heiß mitdiskutieren, nur begrenzt Zeit hatten, gingen wir schließlich doch in die Mittagspause, wo ein von Ruth sorgsam aufgebautes Kaffeebuffet geduldig auf uns gewartet hatte.

Selbst die Pause war, ebenso wie der gesamte Tag, von vielen engagierten Disputen durchsetzt, die jedoch immer rechtzeitig unterbrochen wurden von herzlichem Lachen.

Am Nachmittag, nachdem Ruth nachdrücklich unsere ursprüngliche Planung in Erinnerung gebracht hatte, schafften wir tatsächlich noch drei vollständige Runden durch zu Hause Selbstgestricktes, ebenso engagiert und experimentierfreudig geführt wie die morgendliche Auseinandersetzung mit Busons Blaureiher-Haiku:

Sommerblumen
wachsen dem Winter entgegen
ohne zu zögern

> Gabi Buschmann

Die Schatten
auf der frisch geteerten Straße
wie neu

René Maria Possél

Jeder aus der Runde erhielt am Nachmittag, nach jeweils sorgfältiger Betrachtung seiner vorgestellten Verse, reichlich kritische Anmerkungen aus der Runde. Nicht jedes Werk wurde eindeutig als Haiku identifiziert, und vom grammatischen Kantenschleifen bis zum völligen Zerlegen wegen Überfrachtung bürstete die Runde jedes mitgebrachte Werk gut durch.

Nicht jeder Autor, auch wenn er zumindest theoretisch über das Wesen von Kritik informiert ist, steckt das leichten Herzens weg. „Dichten heißt Fühlen", sagt beispielsweise Lee Chang-dong, Autor und Regisseur des koreanischen Spielfilms „Poetry".

Jegliche Kritik im Workshop zielte jedoch darauf ab, das jeweils mitgebrachte Werk in differenziertem Licht zu sehen, um es mit erweiterter Perspektive ggfs. rekonstruieren – oder wieder liebevoll in das eigene Schatzkästlein zurücktun zu können.

Am späten Nachmittag hieß es dann – wie bei jedem Gedichte-Workshop viel zu schnell – sich wieder zu verabschieden.

Was bleibt? Das Gefühl, dass die Bierstädter Workshops eine beeindruckende Tiefe, Dynamik und Konfrontationsbereitschaft erreicht haben und gleichwohl wertschätzend im Umgang miteinander geblieben sind. Das ist keine Selbstverständlichkeit, sondern miteinander erarbeitet. Die Anerkennung für Klaus-Dieter als unerschöpfliche Haiku-Wissensquelle, an Beate Wirth-Ortmann als immer professionell-sachliche Tafelanschrieb-Moderatorin sowie ein aus vergnügt dankbarem Herzen formulierter Dank an Ruth als Organisatorin:

Beim Haiku-Workshop
der Nusskranz
soooo köstlich …

Beate Wirth-Ortmann

Frühjahrsworkshop in Wiesbaden-Bierstadt 2018

Nein, nicht das Grillfeuer ließ an diesem ersten Sommertag im Frühling unser aller Köpfe rauchen, sondern nur die intensive Denksportaufgabe.

In teilweise neuer Zusammensetzung wurde nämlich ein Übersetzungsexperiment gestartet. An der Tafel stand das folgende japanische Haiku von Yosa Buson (17./18. Jh.) in Romaji:

Jûkaze ya
mizu ao-sagi no
kagi o utsu

Die Wort-für-Wort-Übersetzung lautet:

Abend/Wind
Wasser blau Reiher von
Schienbein schlagen

Im Japanischen gibt es keine Singular- und Pluralbezeichnungen, daher bleibt **jûkaze** unbestimmt, ebenso existieren etwa auch keine Flexionen bei den Verben, was insgesamt eine Übersetzung erschwert. Das Partikel **no** drückt den Besitz bzw. die Beziehung aus, also zu **kagi; o** ist lediglich eine Höflichkeitssilbe, meist vorgestellt. **Ya** ist ein Schneidewort, als solches nicht direkt übersetzbar (Satzzeichen, Interjektion etc, verstanden auch als Seufzerwort).

Die Aufgabe war nun, aus dem Wortmaterial ein verständliches, sinngetreues Haiku zu formulieren.

Die Ergebnisse waren ähnlich und doch unterschiedlich, hier einige Beispiele:

Ach, der Abendwind!
Blaureiher stehen still
im bewegten Wasser

Still steht der Reiher
im Abendwind seine Beine
vom Wasser umspielt

75

Abendwind   Windiger Abend
Wellen kräuseln gegen   Wellenschlag gegen
die Beine des Reihers   Blaureiherbeine

Großes Gelächter und unglaubliches Staunen riefen die folgenden Übertragungen hervor:

Der Abendwind schlägt   Abendwinde wehen
das Wasser an das Bein   auf der Reiher Ständer schlägt
dem grauen Reiher …   weiße Wasserflut

Waren das doch Ergüsse der Koryphäen des deutschen Haiku, die über Jahrzehnte damit das Verständnis und Wesen des Haiku geprägt hatten und heute noch unüberarbeitet vorgelegt werden, gemeint sind die immer wieder aufgelegten Anthologien von Jan Uhlenbrook, 1960 und Gerolf Coudenhove, 1963.

Wie viel geschmeidiger erscheinen doch die englischen Versionen von W.S. Merwin und Takako Lento und Robert Spiess:

The evening breeze   In the evening breeze
sends ripples   the waters lap against
to the blue heron's shins   the heron's legs.

Das intensive Suchen nach einer geschmeidigen Übersetzung ließ dennoch letztlich einen Teilnehmer an der Qualität des Buson-Originals zweifeln. Es wurde dann daran erinnert, dass das Haiku durchaus im Sinne des später von Masaoka Shiki geprägten Leitbegriffs **shasei** (realistische Skizze einer Naturimpression) zu verstehen ist. Nicht aber als rein fotografischer Schnappschuss, sondern so wie es später auch Viktor Shklovsky, der Hauptvertreter des „russischen Formalismus" (1914 – 1930) formulierte:

„The purpose of art is to impart the sensation of things as they are perceived and not as they are known. The technique of art is to make objects unfamiliar. As perception becomes habitual, it becomes automatic. What literature does is dehabituate, renew our way of seeing things.

76

Art is the way of experiencing the artfulness of an object: the object is not important."

Der Nachmittag war wieder der Lesung eigener Haiku gewidmet, von den Teilnehmern mit Verbesserungsanregungen versehen, die aber für den Autor nur Vorschläge sind, ohne ein Muss zum Ändern. Auch dazu einige Beispiele, deren Veränderungen aufgrund der Erläuterungen vom Autor sich entwickelt haben:

drei kiefernzweige
verdecken den sommermond
er leuchtet weiter

drei kiefernzweige
vor dem sommermond
sein leuchten

drei kiefernzweige
vor dem sommermond
wind kommt auf

Schneekristall, vom Mond
beschienen, ist wie ein Stern
auf Himmelslinien

Mondnacht
im Neuschnee
der Himmel auf Erden

Mondnacht
im Neuschnee
die Sterne

Auf der Frontscheibe
Das Prasseln des Regens
Auf dem Heimweg

Auf dem Heimweg
Ich stemme mich
Gegen den Regen

Sommerblumen
wachsen, wuchern, blühen
dem Winter entgegen

Sommerblumen
wachsen dem Winter entgegen
ohne zu zögern

Sommerblumen
wie sie blühen
dem Winter entgegen

Das Schalten	Autobahnauffahrt
bei der Autobahnauffahrt	Schnellschalten in den
in den Kampfmodus	Kampfmodus

Der allgemeine Tenor:
Fortsetzung folgt am 11. November 2018, 10.00 bis 16.00 Uhr in Wiesba-
den-Bierstadt, Hofstr. 2 (Alte Robert-Koch-Schule)
    Nachahmung erwünscht!

unterm Tagmond

das offene Blau
ferner Träume

Haiga: Ramona Linke

Ellen Althaus-Rojas

„Haiku to go" eine lyrische Begegnung im öffentlichen Raum

Zum zweiten Mal veranstaltete am 14. März 2018 das Internationale Studienzentrum der Universität Heidelberg eine lyrisch-musikalische Performance in Zusammenarbeit mit dem Interkulturellen Zentrum der Stadt Heidelberg aus Anlass der Internationalen Wochen gegen den Rassismus.

Unter dem zugestandenermaßen etwas kühnen Titel „Haiku to go" verbirgt sich ein lyrisches Experiment, in mehreren Schritten und auf mehreren Ebenen angelegt. Einerseits sollten junge internationale Studierende im Prozess des Spracherwerbs zu Worte kommen, andererseits sollte der lyrischen Form des Haiku zu mehr Bekanntheit verholfen werden.

Studierende aus sieben Nationen verfassten Ende des Wintersememesters 2017/18 Kurzgedichte mit dem Ziel, ein Zeichen gegen Ausgrenzung, Abwertung, Ignoranz für Menschlichkeit und Mitgefühl zu setzen. In einem zweiten Schritt trugen sie ihre Texte zusammen mit ebenfalls eigens ins Deutsche übersetzten Haiku japanischer Bürger zu Krieg und Hiroshima-Trauma in den öffentlichen Raum, um in der Begegnung mit dem Fremden die eigene Scheu im Umgang mit der deutschen Sprache zu verlieren und gleichzeitig für das Haiku als lyrische Form zu werben. In Bus und Bahn wurden während einer geleiteten Exkursion interessierten Menschen unterwegs von A nach B klassische japanische Haiku im Original, in englischer und deutscher Version sowie Texte der Studierenden zum Vortrag angeboten. Die Resonanz war sehr ermutigend. Eine Familie zu Besuch bei Freunden, eine Brasilianerin auf der Durchreise, ein Ethnologe und Kioskinhaber, ein syrischer Student und eine ältere Dame in der Campus-Linie zeigten sich gegenüber der unerwarteten Begegnung mit dem Haiku – vorgetragen von und in fremden Zungen – höchst aufgeschlossen und bedankten sich ebenfalls dichtend. Von diesen Zufallsbegegnungen inspiriert, wurden weitere poetische Momentaufnahmen zu kompakten Dreizeilern in 17 Silben nach dem Bauplan 5-7-5 verdichtet, um die Ergebnisse in einer lyrisch-musikalischen Performance öffentlich zu präsentieren. Eine Videoinstallation (S. Ashcroft-Jones, J. Hesswany) gab dem Publikum begleitend zur Rezitation Einblicke in die Arbeit der Studierenden und verschmolz Texte und Bilder quasi zu unzähligen filmischen Haiga.

Auf Japanisch, Englisch, Deutsch und in ihren jeweiligen Muttersprachen rezitieren die jungen Dichter am Abend des 14. März zunächst zwei Haiku von Erich Fried, gefolgt von Haiku japanischer Bürger zum Thema Krieg, gekrönt von dem berühmten Haiku Matsuo Bashôs „Sommergras". Es folgten die Texte der Studierenden, beginnend mit einem Haiku über das Tausendhügelland Ruanda, einem Haiku über Konkurrenzdenken, das Schneller, Höher, Weiter in unserem „olympischen Alltag", über die jüdische Tradition von Apfel und Honig zu Rosh Shashana, über die Würde eines chinesischen Straßenhundes, über Kindheit im Krieg, über alternde Menschen, deren Worten manchmal wenig Beachtung geschenkt wird, über Freiheit, namentlich die Pressefreiheit, makabre Namen für Cocktails, die Terror verherrlichen, über zu viel Ignoranz und zu wenig Gewissen. Haiku, die aus den Begegnungen mit Heidelbergern hervorgegangen waren, schlossen diese Sequenz. Zwei Haiku der japanischen Meister Issa und Chora holten das Publikum zurück in die Welt des klassischen Haiku.

Der Bariton Yusuke Matsumura, ebenfalls Studierender am Internationalen Studienzentrum der Universität Heidelberg, entführte das Publikum gesanglich virtuos mit den Liedern *Hamabe no uta* – Das Lied vom Strand, dem Stück „Unter dem Mond die Ruine des Schlosses" und dem Lied „Elternkartoffeln – Kinderkartoffeln" sehr einfühlsam in die Welt der japanischen Musik. Am Klavier begleitete ihn die Pianistin Fumiko Friedewald nicht minder virtuos.

Sarah Ashcroft-Jones, Irland / Ronnie Butera, Ruanda / Rachel Deason, USA / Jawad Hesswany, Syrien / Hasan Sedat Horoz, Türkei / Yuko Izumi, Japan / Rahma Ute, Norwegen / Dean Vaksman, Israel / Fumiko Suzuki, Japan heißen die jungen Dichter und Dichterinnen, die mit offenem Blick und wachem Verstand der Welt begegnen. Ihr Engagement und ihre Leistungen verdienen alle Achtung und Dank.

„Kämpft gegen den Krieg!"
Hunderttausend sagten doch:
„Warum grade ich?"

Erich Fried (1921–1988)

Als der Rauchpilz stieg
hunderttausend fragten noch:
„Warum grade mich?"

Erich Fried (1921–1988)

Haiku japanischer Bürger (anonym):

Hatsuyume-ya sekai-ga-buki-o suteta-oto

Neujahrstraum –
die ganze Welt
entsorgt ihre Waffen

new years dream –
the whole world
disposes of its weappons

Himawari-ya heishi-nemureru sora-no-shita

Sonnenblumen –
unter dem blauen Himmel
ruhen Soldaten

sunflowers –
under blue skys
soldiers rest

Haiku Studierender des Internationalen Studienzentrums:

Tausendhügelland –
Helden tanzen nach dem Krieg,
im Herzen weißes Haar

Ronnie Butera, Ruanda

Igihugu cy'Imisozi igihumbi
Intware zibyina nyuma y' Intambara
Mu Mutima imisatsi y' umweru

Olympisches Spiel –
Menschen leben im Krieg,
Sport bringt Harmonie

Fumiko Suzuki, Japan

Go ri n sa ki
I ku sa ma ji e do
Wa mo ta ra su

81

Äpfel mit Honig –
ein süßes neues Jahr.
Der Kampf ist vorbei.

apples and honey –
a sweet new year.
The fight is over.

Rachel Deason, US

Hund auf der Straße,
hässlich, aber liebenswert –
heißt nun *Sommerwind*

a dog on the street,
ugly but lovable –
now named *summerwind*

Rachel Deason, USA

Im Hagel –
Kinderhände malen
ohne Farben

in the haile –
children's hands paint
without colours

Sarah Ashcroft-Jones,
Ronnie Butera, J
awad Hesswany,
Rahma Ute

aus grauen Wolken –
fallen purpurn die Worte
der alten Dame

from grey clouds –
fall purple the words
of the elderly lady

Sarah Ashtcroft-Jones,
Ronnie Butera,
Jawad Hesswany,
Rahma Ute

Mitternachtssonne –
in kristallklaren Fjorden
der Klang der Stille

Midtnattsol –
i krystallklare fjorder
stillhetens klang

midnight sun –
in cristalclear fjords
the sound of silence

Rahma Ute, Norwegen,
Sarah Ashcroft Jones, Irland

Hier! Weiter oben!
Ein wenig nach rechts
Schreib mal: Frei

buraya! biraz yukari
birazcik saga!
özgür yaz bakayim!

Hassan Sedat Horoz, Türkei

Ich sehe sie trinken,
Irish car bombs auf die Gesundheit,
geronnene Sahne – so sauer

    Sarah Ashcroft-Jones, Irland

feictm iad ag ol,
Irish car bombs is slainte a va,
Uachtar cois, comh gear

Sprachlos
vor der Wand aus Ignoranz –
beißende Kälte

    Sarah Ashcroft-Jones,
    Ronnie Butera,
    Jawad Hesswany,
    Rahma Ute

speechless
before the wall of ignorance –
bitterly cold

Augen, Ohren, Mund,
offen für das Gewissen
fehlende Worte

    Hassan Sedat Horoz, Türkei

gözler, kulaklar, agiz
hepsi açik! vicdanin için.
kaybolan kelimelerle

ein Häusl, ein Bett, kalter Boden
wurde berichtet –
hinter Gittern

    Hassan Sedat Horoz, Türkei

bir hela, bir dösek, buz gibi yer
bildirildi –
demir parmakliklar ardindan

Stimme wie Musik,
Erinnerungen und Reisen –
er hat noch Fernweh

    Rachel Deason, USA,
    Haiku-Gruppe des ISZ und
    Kiosk-Besitzer auf dem Königstuhl

voice like music,
memories and journeys –
he still has the wanderlust

im Sonnenlicht
öffnen sich die Gedanken
dem Frühlingsgrün

    Sarah-Ashtcroft-Jones, Haiku-Gruppe des ISZ
    und eine Heidelbergerin im Bus/Campus-Linie

in the sun light
thoughts open up
to spring green

Himmel über Freiheit –
wir sind die Helden der Zeit
im olympischen Spiel

soukyuuka
gorinnitokino
fu-unji

    Yuko Izumi, Japan

Claudia Brefeld (Haiku) und Paul Bernhard (Foto)

Mitteilungen

Neuveröffentlichungen

1. Pitt Büerken: federleicht – feather-light. 111 Haiku & Senryû teils in Deutsch, teils in Englisch geschrieben, mit Illustrationen von Hanna Rut Neidhardt. chiliverlag, Verl. 2018. ISBN 978-3-943292-65-7

2. Brigitte ten Brink und Gabriele Hartmann: Abenteuerland. 16 Renhai. Heft, A6, 20 Seiten, Handarbeit. bon-say-verlag, 2018. Zu beziehen unter: info@bon-say.de

3. Silvia Kempen und Gabriele Hartmann: Im Fluss. 20 Rengay. Heft, A6, 24 Seiten, Handarbeit. bon-say-verlag, 2018. Zu beziehen unter: info@bon-say.de

4. Gabriele Hartmann: Blutmond. Preisträgerin des Schreibwettbewerbs 2017 von Vital und Wiltmann „Fünf Worte, eine Geschichte". Eine Kurzgeschichte mit Haiku. Heft, A6, 16 Seiten, Handarbeit. bon-say-verlag. Zu beziehen unter: info@bon-say.de

5. Georges Hartmann: Wunschträume. 12 Kurztexte mit Haiku. Heft, A6, 16 Seiten, Handarbeit. bon-say-verlag. Zu beziehen unter: info@bon-say.de

6. Georges Hartmann: Pechvögel. 7 Solo-Renga. Origami-Booklet A7 aus einem A4-Blatt gefaltet. bon-say-verlag. Zu beziehen unter: info@bon-say.de

7. Christof Blumentrath und Gabriele Hartmann: MILESTONES. Assoziationen zur CD aus Liebe zum Jazz, von Max Blumentrath/Julian Wallek/Dominik Hahn, www.milestones-jazz.com. 12 Renhai. Origami-Booklet A7 aus einem A4-Blatt gefaltet. bon-say-verlag. Zu beziehen unter: info@bon-say.de

Sonstiges

1. **Haiku-Jahrbuch 2017 Leichte Fracht** (Volker Friebel)

   Liebe Haiku-Freunde,

   besten Dank für die Beteiligung am Haiku-Jahrbuch 2017! Auf der Netzpräsenz *Haiku heute* findet sich öffentlich zugänglich das Ergebnis in Form einer pdf-Datei. Unten der genaue Verweis:

   http://www.haiku-heute.de/Dateien/Haiku-Jahrbuch-2017-Leichte-Fracht.pdf

   Autoren, die eine epub-Version haben möchten, mögen mich bitte anschreiben. Einige Autoren haben Exemplare der Papierversion zum Autorenpreis bestellt. Auch später können noch Bücher bestellt werden, der Sonderpreis für Autoren ist zeitlich nicht eingeschränkt, auch ältere Jahrbücher werden für alle Autoren zum Sonderpreis verfügbar gehalten, selbst wenn sie auf einem davon nicht vertreten sind (eine Zeit lang waren allerdings einige vergriffen, ich habe sie neu verfügbar gemacht).

Haiku-, Tanka- und Haiga-Mentoring

Für das **Haiku-Mentoring** stellen sich zur Verfügung:

Claudia Brefeld	claudia.brefeld@ dhg-vorstand.de
Brigitte ten Brink	brigitte.tenbrink@gmx.de

Für das **Tanka-Mentoring** stellt sich zur Verfügung:

Tony Böhle	tonyboehle@web.de

Für das **Haiga-Mentoring** stellt sich zur Verfügung:

Claudia Brefeld	claudia.brefeld@ dhg-vorstand.de

(Falls Postadressen gewünscht, bitte beim DHG-Vorstand anfragen.)

Wir möchten alle DHG-Mitglieder ermuntern, diese Möglichkeiten des Austausches zu nutzen, und nehmen gerne zukünftig weitere Namen in diese Listen auf, die wir – aktualisiert – in jedem SG vorstellen werden.

Covergestaltung

Das Cover dieser Ausgabe wurde von Otmar Nickolay (Künstlername Okapi) gestaltet.

In Koblenz 1960 geboren, lebt der Künstler Okapi heute im südlichen Ostfriesland.

Zusammengefasst sagt er über sich: Ich bin Landschaftsgärtner von Beruf, Künstler aus Berufung!

„Brücken schaffen zwischen Vergangenem und bisher Unerreichtem ist mein Bestreben"

Seine Bilder haben den Schwerpunkt „Native und naive visionäre Malerei" und sind auf seiner Website www.okapi-art.de und auf Facebook „Okapi Tal" zu betrachten.

Das Cover-Foto entstand im *Nationalpark Kellerwald-Edersee.*

Impressum

Vierteljahresschrift der Deutschen Haiku-Gesellschaft
30. Jahrgang – Juni 2018 – Nummer 121

Herausgeber: Vorstand der DHG
                   Tel.: 040/460 95 479
                   E-Mail: info@deutschehaikugesellschaft.de

Redaktion: Claudia Brefeld, Eleonore Nickolay

Titelillustration: Otmar Nickolay

Satz und Layout: Martina Khamphasith

Freie Mitarbeit erwünscht. Ihre Beiträge schicken Sie bitte per

E-Mail an: Claudia Brefeld, Eleonore Nickolay, Horst-Oliver Buchholz,
                 Thomas Opfermann: redaktion@deutschehaikugesellschaft.de

Post an: Petra Klingl, Wandsdorfer Steig 17, 13587 Berlin

Die Meinung unserer Autoren muss sich nicht immer mit der Meinung der Redaktion decken. Die Beiträge werden von uns sorgfältig geprüft, für die Richtigkeit, Vollständigkeit und Aktualität der Inhalte können wir jedoch keine Gewähr übernehmen.
In der Zeitschrift SOMMERGRAS wird die männliche Form stets generisch gebraucht und bezieht folglich die weibliche Form mit ein.

Einsendeschluss
für die Haiku- und Tanka-Auswahl: 15.07.2018
Redaktionsschluss: 25.07.2018

Jahresabonnement Inland (inkl. Porto) 45 €
Jahresabonnement Ausland (inkl. Porto) 55 €
Einzelheftbezug Inland (inkl. Porto) 12 €
Einzelheftbezug Ausland (inkl. Porto) 14,50 €
Auslandsversand nur auf dem Land-/Seeweg.

Der Mitgliedsbeitrag beträgt 45 € im Jahr und beinhaltet die Lieferung der Zeitschrift (Inland inkl. Porto, Ausland + 10 € Porto).
Die finanzielle Unterstützung der DHG quittieren wir mit Spendenbescheinigungen.

Deutsche Haiku-Gesellschaft e.V.

Die Deutsche Haiku-Gesellschaft e.V.[1] unterstützt die Förderung und Verbreitung deutschsprachiger Lyrik in traditionellen japanischen Gattungen (Haiku, Tanka, Haibun, Haiga und Kettendichtungen) sowie die Vermittlung japanischer Kultur. Sie organisiert den Kontakt der deutschsprachigen Haiku-Dichter/-innen untereinander und pflegt Beziehungen zu entsprechenden Gesellschaften in anderen Ländern. Der Vorstand unterstützt mehrere Arbeits- und Freundeskreise in Deutschland sowie Österreich, die wiederum Mitglieder verschiedener Regionen betreuen und weiterbilden.

[1] Mitglied der Federation of International Poetry Associations (assoziiertes Mitglied der UNESCO), der Haiku International Association, Tôkyô, der Gesellschaft für zeitgenössische Lyrik e.V., Leipzig, Ehrenmitglied der Haiku Society of America, New York.

Anschrift	Deutsche Haiku-Gesellschaft e.V., z.Hd. Stefan Wolfschütz, Postfach 202548, 20218 Hamburg
	Vorstand:
Info/DHG-Kontakt und Redaktion	Claudia Brefeld, Auf dem Backenberg 17, 44801 Bochum, Tel.: 0234/70 78 99, E-Mail: claudia.brefeld@dhg-vorstand.de
Redaktion	Eleonore Nickolay, 78, Avenue du Général Leclerc, F-77360 Vaires sur Marne, Tel.: 0033/160202350, E-Mail: eleonore.nickolay@dhg-vorstand.de
Kassenwartin	Petra Klingl, Wansdorfer Steig 17, 13587 Berlin, Tel.: 030/5618694, E-Mail: petra.klingl@dhg-vorstand.de
---	Peter Rudolf, Gartenweg 6, CH-4143 Dornach, Tel.: 0041/617021895, E-Mail: peter.rudolf@dhg-vorstand.de
Website	Stefan Wolfschütz, Curschmannstraße 37, 20251 Hamburg, Tel.: 040/477965, E-Mail: stefan.wolfschuetz@dhg-vorstand.de
	Brigitte ten Brink, Kelhofstr.1, 78465 Konstanz, Tel.: 07533/998722, E-Mail: brigitte.tenbrink@dhg-vorstand.de
Internationale Kontakte	Klaus-Dieter Wirth, Rahserstraße 33, 41747 Viersen, Tel.: 02162/12243, E-Mail: kd.wirth@dhg-vorstand.de
	Sowie:
Redaktion	Horst-Oliver Buchholz, Thomas Opfermann, E-Mail: redaktion@deutschehaikugesellschaft.de
Öffentlichkeitsarbeit	Dr. Beate Wirth-Ortmann, E-Mail: drw-o.haiku@t-online.de
Bankverbindung:	Landessparkasse zu Oldenburg, BLZ 280 501 00, Kto.-Nr. 070 450 085 (BIC: SLZODE22XXX IBAN: DE97 2805 0100 0070 4500 85)

Bibliografische Information der Deutschen Nationalbibliothek:
Die Deutsche Nationalbibliothek verzeichnet diese Publikation in der Deutschen
Nationalbibliografie; detaillierte bibliografische Daten sind im Internet über
dnb.dnb.de abrufbar.

©2018 Deutsche Haiku-Gesellschaft
Herstellung und Verlag: BoD –
Books on Demand, Norderstedt
ISBN 978-3-752862-04-1